五訂版

税効果会計の実務がわかる本

吉木　伸彦
福田　武彦　共著
木村　為義

税務研究会出版局

五訂版はしがき

近年,わが国の会計制度は,大幅に変わりつつあります。

2000年3月期から,個別決算中心の情報開示が連結決算中心の情報開示となり,キャッシュ・フロー計算書も財務諸表の一つとなりました。

また,企業が保有する有価証券についても取得原価ではなく,保有目的により時価で評価されるようになり,退職給付引当金についても複雑な数理計算によって計算した予測数値を計上することになりました。

そして,税効果会計も,2000年3月期から全面的に導入され,個別財務諸表と連結財務諸表の両方において適用されています。

まさに,日本の伝統的な企業会計制度は,国際財務報告基準(IFRS)やグローバルスタンダートという名のもとに,大幅な修正を余儀なくされています。

ただし,従来の会計制度と比べると新しい会計制度は,すぐれた部分も多く投資家をはじめとする財務諸表の利用者にとって有意義なものとなります。

そもそも,わが国の会計制度は,企業の実態を投資家に開示するという点では,不十分といわざるを得ませんでした。グローバルスタンダートをめざす新しい会計制度は,経営者ではなく,投資家を中心とする企業の利害関係者の方を向いた会計制度といえます。

税効果会計についても,多くの国々で採用されており,もちろん国際財務報告基準(IFRS)でも採用されています。

従来,わが国では税務上の計算で算定された税金をそのまま会計上の費用としていましたが,今では税効果会計が採用され,会計の立場から税金の期間配分が行われ,会計上適正な税金費用が計算されるようになりました。その結果,税引後の最終利益である当期純利益が企業の実態

を適正に反映したものとなり、多くの利害関係者に対して有用な情報を提供できています。

しかし、税効果会計が採用されてから18年が経ちましたが、税効果会計には難解な部分も多く、企業等への浸透はまだまだ不十分といわざるを得ません。

そこで本書において、税効果会計を実際に行う企業等の実務担当者や財務諸表を利用する様々な方に役立つように、個別財務諸表や連結財務諸表のほか中間財務諸表における税効果会計について、わかりやすく網羅的に説明することとしました。

本書は、企業会計審議会より公表された「税効果会計に係る会計基準の設定に関する意見書」や企業会計基準委員会より公表された会計基準等に基づいて、税効果会計をわかりやすく解説しています。

そして、税効果会計について、一人でも多くの方に理解していただければ、著者としてこの上ない喜びです。

なお、本書は平成11年10月に初版を発行しましたが、今回、平成30年2月16日に公表されました「『税効果会計に係る会計基準』の一部改正」、「税効果会計に係る会計基準の適用指針」、「繰延税金資産の回収可能性に関する適用指針」、「中間財務諸表等における税効果会計に関する適用指針」等に即した所要の改訂を行いました。

最後に本書の出版に当たり、大変お世話になりました税務研究会出版局の知花さんをはじめ皆様方には厚く御礼申し上げます。

2018年8月

吉木　伸彦
福田　武彦
木村　為義

目 次

第1章 税効果会計制度の概要

1 制度化された税効果会計 …………………………………… *2*
2 税効果会計とはどのような会計か ………………………… *4*
3 なぜ税効果会計が必要か …………………………………… *7*

第2章 一時差異とは

1 一時差異と永久差異 ………………………………………… *12*
2 一時差異の類型 ……………………………………………… *15*
3 将来減算一時差異 …………………………………………… *16*
4 将来加算一時差異 …………………………………………… *20*
5 一時差異に準ずる差異 ……………………………………… *25*

第3章 実効税率とは

1 繰延法と資産負債法 ………………………………………… *30*
2 税効果会計の対象となる税金 ……………………………… *34*
3 法定実効税率とは …………………………………………… *35*
4 事業税の税率 ………………………………………………… *37*
5 税率が変更になった場合の適用税率 ……………………… *40*

第4章　繰延税金資産の回収可能性

1 繰延税金資産の貸借対照表計上要件 ……………………………… *42*
2 回収可能性を判断する具体的な手順 ……………………………… *46*

第5章　税効果会計の表示と注記

1 貸借対照表の表示区分 ……………………………………………… *60*
2 貸借対照表の記載場所 ……………………………………………… *62*
3 税効果会計に関する注記の内容 …………………………………… *64*
4 繰延税金の発生原因別の内訳 ……………………………………… *65*
5 法定実効税率と税効果会計適用後の税率との差異原因別の内訳 … *69*
6 法人税等の税率変更による影響 …………………………………… *71*
7 決算日後に法人税等の税率変更があった場合 …………………… *72*

第6章　個別財務諸表の税効果

1 設例による個別税効果仕訳の検討 ………………………………… *74*
2 賞与引当金に係る税効果 …………………………………………… *76*
3 貸倒引当金に係る税効果 …………………………………………… *78*
4 たな卸資産の評価損に係る税効果 ………………………………… *80*
5 未払事業税に係る税効果 …………………………………………… *82*
6 積立金方式による固定資産圧縮積立金に係る税効果 …………… *84*

第7章　その他の税効果会計

1 繰越欠損金に係る税効果 ··· *92*
2 繰越外国税額控除に係る税効果 ·· *95*
3 「その他有価証券」の評価差額に係る税効果 ······················ *98*
4 固定資産の減損に係る税効果 ·· *102*
5 資産除去債務における税効果 ·· *106*
6 会計方針の変更による過年度遡及処理における税効果 ············ *110*

第8章　税効果会計の具体的な手続

1 実例による税効果会計の適用 ·· *114*
2 税効果会計に係る申告書別表の処理 ································· *121*

第9章　税制改正における税効果

1 平成28年度税制改正の税効果会計への影響 ······················· *136*
2 法人税率等の改正への対応 ··· *140*
3 繰延税金資産及び繰延税金負債の計算に用いる税率 ············· *142*

第10章　グループ法人税制・連結納税制度の税効果

1 グループ法人税制における税効果 ···································· *146*
2 連結納税制度における税効果 ·· *153*

3 連結納税制度における個別財務諸表の税効果 ……………… *155*
4 連結納税制度における連結財務諸表の税効果 ……………… *168*

第11章 中間財務諸表の税効果

1 原則法と簡便法 …………………………………………………… *174*
2 原則法による税効果会計の適用 ………………………………… *176*
3 簡便法による税効果会計の適用 ………………………………… *182*
4 簡便法を適用する場合に見積実効税率が使用できないケース … *189*
5 中間連結財務諸表における税効果会計の適用 ………………… *193*
6 四半期財務諸表における税効果会計 …………………………… *194*

第12章 連結財務諸表における連結仕訳の税効果

1 連結財務諸表における税効果会計の適用 ……………………… *200*
2 子会社の資産・負債の時価評価に係る税効果 ………………… *203*
3 貸倒引当金の修正に係る税効果 ………………………………… *207*
4 未実現損益の消去に係る税効果 ………………………………… *211*
5 子会社への投資に係る親会社側での税効果 …………………… *217*

第13章 連結財務諸表における持分法仕訳の税効果

1 税効果の帰属会社と税効果の認識 ……………………………… *224*
2 持分法適用会社が売手側となって発生した未実現損益に係る
　 税効果 …………………………………………………………… *226*

3 連結会社が売手側となって発生した未実現損益に係る税効果 … *230*
4 持分法適用会社の資産負債を時価評価した場合の評価差額に
  係る税効果 ……………………………………………………… *235*
5 株式取得後に発生した留保利益に係る税効果 …………………… *238*
6 のれん相当額の償却に係る税効果 ……………………………… *240*
7 持分法適用会社の欠損金に係る税効果 ………………………… *241*

第14章　税効果会計の実務

1 税効果会計のための決算実務 …………………………………… *244*
2 会計システムを使った税効果会計の実務 ……………………… *265*

〈参考資料〉
■税効果会計に係る会計基準………………………………… *267*

第1章 税効果会計制度の概要

1 制度化された税効果会計

　わが国においては，2000年3月期から税効果会計が適用されています。

　税効果会計は，米国や欧州の多くの国々で制度化されている国際標準の会計です。

　税効果会計とは，企業会計の立場から法人税等を妥当な額に調整し，その調整額を資産又は負債として繰延税金を計上する会計です。

　企業会計上の収益・費用と税務上の益金・損金の認識時点が異なる等の理由により，企業会計上の資産・負債の金額と税務上の資産・負債の金額に相違がある場合に，法人税等を適切に期間配分します。

　上場企業においては，2000年3月期（1999年4月1日より開始する事業年度）より，連結財務諸表と個別財務諸表の両方で税効果会計の適用が強制され，さらに中間連結財務諸表と中間財務諸表，四半期連結財務諸表と四半期財務諸表においても税効果会計の適用が義務付けられています。

　また，税効果会計は，会社法上「株式会社の会計は，一般に公正妥当と認められる企業会計の慣行に従うものとする」（会社法431）とされており，上場企業だけで採用されているものではなく，非上場企業でも税効果会計を適用することが求められています。

　ただ，非上場企業については，税効果会計の適用を強制する明確な規定がないことから，会計監査人設置会社を除いて，税効果会計の適用は任意と考えられています。

しかし，近年の税制改正による税務上の引当金制度の廃止などで，会計上の利益と税金額がうまく対応できなくなってきていることから，中小企業においても決算上の利益確保のために税効果会計を採用する企業が増えています。

さらに，子会社が非上場企業であっても，親会社が上場企業でその子会社が連結の範囲に含められる場合には，子会社の税効果会計の適用の問題が生じます。この場合，次の二つの方法が考えられます。

① 子会社が個別決算で税効果会計を行う。
② 子会社は個別決算で税効果会計を行わず，親会社が連結決算書作成の過程で，子会社の個別財務諸表を修正して税効果会計を行う。

②の方法の場合は，子会社は法人税の申告書の別表等の資料を親会社に提出するだけですので，子会社の事務上の負担はさほど大きくありません。

一方，①の方法の場合，子会社自身が税効果会計を行うわけですから，税効果会計の内容や会計処理をよく理解し，決算時に必要な仕訳を行わなければなりません。

しかし，企業グループで考えると，連結決算の作業を分散化でき，親会社の負担が軽くなります。

そもそも，会計的には税効果会計は望ましい処理であり，また，税効果を適用すると子会社の税引後の利益や自己資本が増加するケースが多いという利点があり，実務上も，①の方法を採用する企業グループが多いようです。

このように，税効果会計は，わが国の制度会計に幅広く採用されるようになりました。

2 税効果会計とはどのような会計か

　損益計算書では，税引前当期純利益から税法に基づいて算定された当期の法人税，住民税及び事業税（以下「法人税等」といいます。）を控除して当期純利益が計算されます。

　法人税等の金額は，企業会計上の利益ではなく，法人税法上の所得（以下「課税所得」といいます。）を基礎として算出されます。企業会計上の利益は，収益から費用を差し引いて求められますが，課税所得は，益金から損金を差し引いて求められます。

> 企業会計上の利益＝収益－費用
> 法人税法上の所得＝益金－損金

　会計上の収益・費用と税務上の益金・損金は同一ではありませんので，課税所得は，企業会計上の利益を加算減算することによって求められます。

　加算項目としては，収益ではないが益金である益金算入項目と，費用ではあるが損金ではない損金不算入項目があります。

　また，減算項目としては，収益ではあるが益金ではない益金不算入項目と，費用ではないが損金である損金算入項目があります。

```
                企業会計上の利益    × × ×
          ┌ 加算：益金算入       × × ×  （収益でないが益金のもの）
法人税申告書 │     損金不算入      × × ×  （費用だが損金でないもの）
別表四の調整 │ 減算：益金不算入      × × ×  （収益だが益金でないもの）
          └     損金算入       × × ×  （費用でないが損金のもの）
                法人税法上の所得    × × ×
                  （課税所得）
```

　企業会計上，法人税等は，課税所得の源泉となる取引が発生した会計期間に認識すべき費用（以下，費用として認識した法人税等を「税金費用」といいます。）です。

　しかし，税効果会計を適用しないと，当期に法人税等として納付すべき額が費用として損益計算書に計上されます。企業会計上の利益と課税所得に差異がある場合には，企業会計上の利益と税金費用の対応関係がうまく反映されず，税引後の当期純利益が会社の業績を適切に反映しなくなります。

　そこで，税効果会計では，会計上は費用と認識されても税務上は損金とならない場合，法人税等の前払いと考えて会計上は法人税等を繰延処理し，また，会計上は費用と認識されないが税務上は損金とされる場合，会計上は法人税等を見越計上します。

　税効果会計とは，企業会計の立場から法人税等を妥当な額に調整し，資産又は負債として繰延税金を計上する会計です。

　厳密に税効果会計を定義すると，「企業会計上の収益・費用と税務上の益金・損金の認識時点が異なる等の理由により，企業会計上の資産・負債の金額と税務上の資産・負債の金額に相違がある場合に，法人税等を適切に期間配分することで，税引前利益と法人税等を合理的に対応さ

せる会計」です。

　この税効果会計は，米国をはじめ多くの国々で制度化されており，国際財務報告基準（IFRS）でも採用されています。

3 なぜ税効果会計が必要か

　法人税等の金額は，企業会計上の利益ではなく，課税所得に基づいて計算されます。

　企業会計の利益は収益から費用を差し引いて計算されますが，課税所得は益金から損金を控除して計算されます。

　しかし，収益と益金，費用と損金は異なる場合があります。

　たとえば，前期に売却困難な商品について評価損を20計上しましたが，税務上は損金算入が認められなかったとします。

　企業会計上の税引前当期純利益が100の場合，税務上は会計上計上した評価損20が加算されるため，課税所得は120（＝税引前当期純利益100＋税務加算20）になります。

　法人税等の実効税率を30％とすると，法人税等は36（＝課税所得120×税率30％）となり，当期純利益は，64（＝税引前当期純利益100－法人税等36）となります。

　そして，当期に商品を廃棄した場合，企業会計上は前期に評価損を計上しているため，費用計上されませんが，税務上は損金算入が認められます。

　当期の会計上の税引前当期純利益が前期と同じく100であったとしますと，税務上は20減算され，課税所得は80（＝税引前当期純利益100－税務減算20）になります。

　当期の実効税率が30％で変わらないとすると，法人税等は24（＝課税

所得80×30％）となり，当期純利益は，76（＝税引前当期純利益100－法人税等24）となります。

両年度の企業会計上の税引前当期純利益が100と等しいにもかかわらず，法人税等が36から24に減少しているため，当期純利益が前年度に比べ12増加しています。

このように，税効果会計を行わないと，企業会計の最終利益が，会社の業績を適切に反映しません。

決算書の分析において，最終利益は非常に重視されており，会社の一株当たりの利益は，株価に大きな影響を与えます。

そのため，税引前当期純利益と課税所得との差異に係る法人税等については，期間配分を行う税効果会計が必要となります。

	前期	当期
税引前当期純利益	100	100
法人税，住民税及び事業税	36（※1）	24（※2）
当期純利益	64	76

（※1）36＝（税引前利益100＋税務加算20）×実効税率30％
（※2）24＝（税引前利益100－税務減算20）×実効税率30％

それでは，このケースに税効果会計を適用してみましょう。

税効果会計を適用すると，企業会計の立場から法人税等の期間配分が行われます。

前期に加算された商品の評価損20は，実際に廃棄されたときに税務計算上減算されるわけですから，前期に税務計算上増額される加算分に係る法人税等6（＝評価損20×実効税率30％）については，企業会計上は，法人税等の前払いと考えて繰延処理します。

そして，商品を廃棄したときに，前期に加算された評価損が当期の税

務計算上減額されますので,繰り延べられた法人税等が取り崩され,会計上の法人税等の額が6(=評価損20×実効税率30％)増加します。

税効果会計による法人税等の調整は,損益計算書上「法人税等調整額」として表示されます。

税効果会計を行った場合は,次のようになります。

	前期	当期
税引前当期純利益	100	100
法人税,住民税及び事業税	36	24
法人税等調整額	△6	6
差引(又は計)	30	30
当期純利益	70	70

税効果会計では,各期の法人税等の額が税引前当期純利益に対応した金額に修正されますので,各期の税引後の当期純利益が業績評価の指標となります。

従来の損益計算書は,法人税法上の利益(課税所得)に税率を乗じて税金の計上をしていましたが,税効果会計では企業会計上の利益に対応した税金費用を計上します。

通常,企業会計上の利益と法人税法上の利益(課税所得)は一致しないため,それぞれに対応した税金も異なってきます。

その差額を調整するのが,税効果会計ということになります。

〈前期(差異の発生)〉

損益計算書(税効果会計適用前)

税引前当期純利益	100	(会計上の利益)
法人税,住民税及び事業税	36	(税法上の税金費用) 36%
当期純利益	64	

損益計算書(税効果会計適用後)

税引前当期純利益		100	(会計上の利益)
法人税,住民税及び事業税	36		
法人税等調整額	△6	30	(税引前利益と対応) 30%
当期純利益		70	

意味は…法人税等の"期間"調整額

〈当期(差異の解消)〉

損益計算書(税効果会計適用前)

税引前当期純利益	100	(会計上の利益)
法人税,住民税及び事業税	24	(税法上の税金費用) 24%
当期純利益	76	

損益計算書(税効果会計適用後)

税引前当期純利益		100	(会計上の利益)
法人税,住民税及び事業税	24		
法人税等調整額	+6	30	(税引前利益と対応) 30%
当期純利益		70	

第2章 一時差異とは

1 一時差異と永久差異

　企業会計上の利益と課税所得との間には，通常の場合，差額が発生しています。

　そして，その差額は法人税申告書の別表四に記載されていますが，企業会計上の利益と課税所得の差額すべてについて税効果会計上の調整をするのでしょうか。

　企業会計上の利益と課税所得の差額のなかには，税効果会計上の調整が必要なものとそうでないものがあります。

　会計上の収益・費用と税務上の益金・損金との間の差異は，次のように大きく二つに分けることができます。

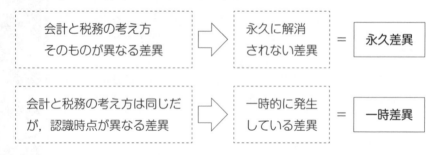

(1) 永久差異

　会計と税務の差異のなかには，たとえば損金に算入されない交際費のように会計上は費用と考えられていますが，税務上は損金とは考えられていないものがあります。

　このような差異は，会計の考える費用の概念と税法の考える損金の概

念が異なることによって発生しています。

　このような差異から発生した税金は，将来において税金の減額をもたらすものではなく，永久にその税金が戻ってくることはありません。

　すなわち，永久に会計上の収益・費用と税務上の益金・損金の差異が解消されないということになります。

　このような会計と税務の差異を永久差異といいます。

　税効果会計は，各期の当期純利益（税引後利益）を正しく計算するために税金費用の適正な期間配分を行う会計処理です。

　したがって，永久差異のように差異が永久に解消されない差異については，税金費用の期間配分を行うことができないため，税効果会計の対象とはなりません。

　永久差異には，次のようなものがあります。

会計上の費用で 税務上の損金でないもの	会計上の収益で 税務上の益金でないもの
加　算	減　算
・法人税，住民税 ・損金にならない延滞税，過怠税等 ・損金にならない役員給与 ・交際費(税務上の限度超過額) ・寄附金(税務上の限度超過額)	・受取配当等の益金不算入額

(2) 一　時　差　異

　一方，会計と税務の差異のなかには，たとえば貸倒引当金の繰入超過額のように会計上は当期の費用と認められますが，税務上は実際に貸倒れが起こった期でなければ損金とは認められないものがあります。

このような差異は，会計の考える費用の概念と税法の考える損金の概念に違いはないのですが，費用として認める基準（時期）が異なることによって発生しています。

このような差異から発生した税金は，将来において税金の減額をもたらします。

すなわち，一時的に会計上の収益・費用と税務上の益金・損金の差異が発生しますが，将来に一定の事象が発生した場合にはその差異が解消されることになります。

このような会計と税務の差異を一時差異といいます。

税効果会計では，企業会計上の利益と課税所得の間に発生している差額に対する税金費用を適正に期間配分しようとする観点から，一時差異のように差異が一時的に発生している場合には，税効果会計の対象として税金費用の期間配分を行うことになります。

一時差異には，具体的に次のようなものがあります。

会計上の費用で 税務上の損金でないもの	税務上の損金で 会計上の費用でないもの
加　算	減　算
・たな卸資産等の評価損否認 ・未払事業税 ・貸倒損失否認 ・引当金等の繰入限度超過額 ・減価償却費限度超過額	・積立金方式による固定資産圧縮積立金 ・積立金方式による特別償却準備金等

2　一時差異の類型

　税効果会計において調整が必要な企業会計上の利益と課税所得の差異は，一時差異と呼ばれています。

　ところが，法人税申告書の別表四に記載されている一時差異にも，差異が発生した時に加算欄に記載されているものと減算欄に記載されているものがあります。

　これらの一時差異が，税効果会計によって各期の税金費用に与える影響はそれぞれ異なってきます。

　これらの一時差異は，将来減算一時差異又は将来加算一時差異と呼ばれています。

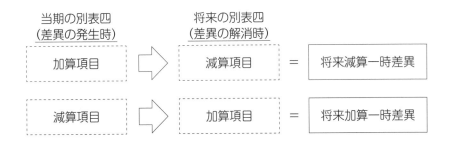

＊将来減算一時差異
　　差異が生じたときに税務上加算され，
　　将来，差異が解消するときに税務上減算される一時差異。

＊将来加算一時差異
　　差異が生じたときに税務上減算され，
　　将来，差異が解消するときに税務上加算される一時差異。

3 将来減算一時差異

たとえば、たな卸資産の有税評価減のように、会計上評価損を計上したときに、税務申告書上加算され、たな卸資産を廃棄したとき等に、税務申告書上においても損金と認められて減算されるものがあります。

これは将来減算一時差異と呼ばれ、このような一時差異が発生した場合には、差異の発生期に本来差異の解消期に負担すべき税金費用の支払いが発生します。

したがって、税効果会計上は差異の発生期の税金費用を減額すると同時に、差異の発生期に支払った税金費用を本来負担すべき差異の解消期に繰り越すために前払税金費用を計上します。

このとき差異の発生期の税金費用の減額は、損益計算書において「法人税、住民税及び事業税」の調整科目として「法人税等調整額」を用いて調整します。

また、税金費用を差異の解消期に繰り越すための前払税金費用は、貸借対照表において「繰延税金資産」という勘定科目を用います。

設例

・会計上毎期200の税引前利益が発生し、法定実効税率は30％とする。
・1期にたな卸資産の評価損100が税務上否認された（差異の発生）。
・2期にたな卸資産を廃棄した（差異の解消）。

	会 計		税 務	
	1 期	2 期	1 期	2 期
営業利益	300	200	300	200
たな卸資産評価損	△100	—	—	△100
税引前利益	200	200	300	100
	↓	↓	↓	↓
税金費用	60	60	90	30

（注）☐：損益計算書に計上されている金額

〈税効果会計の考え方〉

税務上：加算
⇩
（当期）加算分だけ多く税金を負担し，（翌期）税金負担が少なくなる。
　　　　　　　　　　［将来の税金を減額させる効果］
⇩
会計上は，税務上の調整による過払い分を
「税金の前払い」⇒「当期の費用としない」として処理

当期の税金費用を減額する	税金を翌期に繰り延べる
⇩	⇩
法人税等を調整	**前払税金費用**を計上
⇩	⇩
（損益計算書）	（貸借対照表）
法人税等調整額を計上する	繰延税金資産を計上する

〈税効果会計の仕訳〉

(差異の発生期):"パターン仕訳1"(27ページ参照)

| 繰延税金資産 | 30 | 法人税等調整額 | 30 |

※一時差異 100×30% = 30:繰延税金資産

(差異の解消期)

| 法人税等調整額 | 30 | 繰延税金資産 | 30 |

〈損益計算書の表示〉

	1 期	2 期
税引前当期純利益	200	200
法人税,住民税及び事業税	90 (※1)	30 (※2)
法人税等調整額	△30	30
差引(又は計)	60	60
当期純利益	140	140

(※1):(200+100)×30% = 90
(※2):(200-100)×30% = 30

(1期):将来減算一時差異が発生した場合,税務上は費用が取消される(加算)ため,所得が増額され,税金の支払いが増額されます。この増額分を前払税金費用として「繰延税金資産」を計上し,損益計算書上は「法人税等調整額」により税金を減額します。

　　　この結果,差異発生期の税引前利益に対応した税金が計上されます。

(2期):将来減算一時差異が解消した場合,税務上は損金が追加計上(減算)されるため,所得が減額され,税金の支払いが減額されます。この減額分を前払税金費用として計上していた「繰延税金資

産」を取り崩し，損益計算書上は「法人税等調整額」により税金を増額します。

　この結果，差異解消期の税引前利益に対応した税金が計上されます。

4 将来加算一時差異

　固定資産について積立金方式で圧縮記帳を実施した場合には，たな卸資産の有税評価減の場合とは全く異なる結果となります。

　固定資産について積立金方式で圧縮記帳を実施した場合には，会計上は固定資産の圧縮分を費用計上せずに剰余金の処分で積み立てますが，税務上は損金処理され減算されます。

　また，その固定資産を償却したときに，圧縮分に係る減価償却費は会計上費用計上されますが，税務上は損金と認められないために加算されます。

　これは将来加算一時差異と呼ばれ，このような差異が発生した場合には，本来差異の発生期に負担すべき税金費用の支払いが，差異の解消期に発生します。

　したがって，税効果会計上は差異の発生期の税金費用を増額すると同時に，本来差異の発生期に負担すべき税金費用を実際に支払うことになる差異の解消期まで未払税金費用を計上します。

　このとき差異の発生期の税金費用の増額は，損益計算書において「法人税，住民税及び事業税」の調整科目として「法人税等調整額」を用いて調整します。

　また，差異の発生期に負担すべき税金費用を見越計上するための未払税金費用は，貸借対照表において「繰延税金負債」という勘定科目を用います。

設例

- 会計上毎期500の税引前利益が発生し、法定実効税率は30％とする。
- 1期に国庫補助金300で工場を建設した。この建物について300（全額）圧縮積立金を積み立てて圧縮記帳した（差異の発生）。
- 2期から3年間で減価償却費を100（300÷3年）計上している（差異の解消）。

	会計				税務			
	1期	2期	3期	4期	1期	2期	3期	4期
営業利益	200	600	600	600	200	600	600	600
補助金収入	300	—	—	—	300	—	—	—
減価償却費	—	△100	△100	△100	—	—	—	—
圧縮認定損	—	—	—	—	△300	—	—	—
税引前利益	500	500	500	500	200	600	600	600
↓	↓	↓	↓	↓	↓	↓	↓	↓
税金費用	150	150	150	150	60	180	180	180

（注）☐：損益計算書に計上されている金額

　圧縮記帳制度や特別償却制度は、国の政策上、すぐには税金をかけないほうがよい場合に、一定条件のもとで**税金の後払い**を認める税法上の制度です。

　圧縮記帳や特別償却を損金経理により行った場合には、会計上の固定資産と税務上の固定資産に差異は発生しませんが、圧縮積立金・特別償却準備金を積み立てた場合には、会計上（積立金）と税務上（損金）で固定資産の計上額が異なるため、一時差異が発生します。

[会計上の処理]

* 補助金の受取　(借)現　　　金　300　(貸)補助金収入　300
* 建物の取得　　(借)建　　　物　300　(貸)現　　　金　300
* 決算時（1期）
  ・圧縮積立金の積み立て
  　　　　　　　(借)繰越利益剰余金　300　(貸)圧縮積立金　300
* 決算時（2期）
  ・減価償却
  　　　　　　　(借)減価償却費　100　(貸)建　　　物　100
  ・圧縮積立金の取り崩し
  　　　　　　　(借)圧縮積立金　100　(貸)繰越利益剰余金　100

[税務上の処理]

* 圧縮処理（1期）：**圧縮積立金認定損** 300（減算）が計上される。
* 減価償却（2期）：会計上 100 の減価償却費が計上されているが，税務上は認められず，**減価償却超過額** 100（加算）が計上される。

〈税効果会計の考え方〉

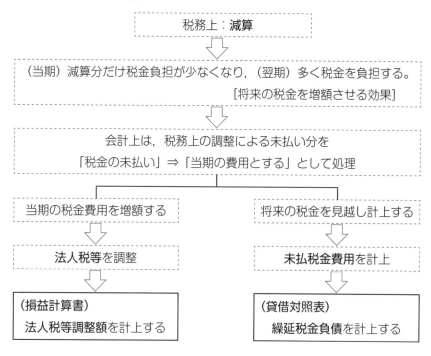

〈税効果会計の仕訳〉

(差異の発生期): "パターン仕訳2"(27ページ参照)

| 法人税等調整額 | 90 | 繰延税金負債 | 90 |

(差異の解消期)

| 繰延税金負債 | 30※ | 法人税等調整額 | 30 |

※償却年数(3年間)で,繰延税金負債は解消される。

〈損益計算書の表示〉

	1 期	2 期
税引前当期純利益	500	500
法人税, 住民税及び事業税	60（※1）	180（※2）
法人税等調整額	90	△30
差引（又は計）	150	150
当期純利益	350	350

（※1）：(500 − 300) × 30% ＝ 60
（※2）：(500 + 100) × 30% ＝ 180

（1期）：将来加算一時差異が発生した場合，税務上は損金が追加計上される（減算）ため，所得が減額され，税金の支払いが減額されます。この減額分を未払税金として「繰延税金負債」を計上して，税金を増額します。

　　　　この結果，差異発生期の税引前利益に対応した税金が計上されます。

（2期）：将来加算一時差異が解消した場合，税務上は費用が取消（加算）されるため，所得が増額され，税金の支払いが増額されます。この増額分を未払税金として計上していた「繰延税金負債」を取り崩して，税金を減額します。

　　　　この結果，差異解消期の税引前利益に対応した税金が計上されます。

5 一時差異に準ずる差異

　税効果会計において調整が必要な企業会計上の利益と課税所得の差異は一時差異と呼ばれ，法人税申告書の別表四に記載されています。

　しかし，別表四に記載されている一時差異以外にも，各期の税金費用の調整が必要なものがあります。

　これらは一時差異ではないのですが，税効果会計上，各期の税金費用に一時差異が発生している場合と同様の効果を及ぼすため，一時差異に準ずる差異と呼ばれています。

(1) 税務上の繰越欠損金

　税務上の繰越欠損金が発生している場合には，その翌期から10年間（平成30年3月31日以前に開始する事業年度の欠損金については9年間（第9章参照））に発生した課税所得から控除して，法人税額を軽減することができることになっています。

　確かに税務上の繰越欠損金は，企業会計上の利益と課税所得の差異ではないため一時差異ではありません。

　しかし，将来において税務申告書上で所得が発生した場合には，将来減算一時差異と同様に将来の課税所得を減算し，将来の税金を減額させる効果があります。

　そこで，繰越欠損金が発生したことによる「将来の税金を減額させる効果」を，発生期の税金費用負担額の軽減額として損益計算書において「法人税，住民税及び事業税」から控除する形で「法人税等調整額」を計

上し，貸借対照表では「将来の税金を減額させる効果」を前倒しで計上したことを意味する科目として「繰延税金資産」を計上します。

> 税務上の繰越欠損金 ：繰越期間内において課税所得が発生すれば，
> 　　　　　　　　　　税金を減額できる
> 　　　　　　　　　　　⇩
> 　　　　　　　　　　将来減算一時差異と同じ効果
> 　　　　　　　　　　　⇩
> 　　　　　　　　　　繰延税金資産を計上

（2） 繰越外国税額控除

　税務上の繰越外国税額が発生した場合（控除対象となる外国法人税等の額が外国税額控除限度額を超える場合）には，翌期以降繰越し可能な期間（3年間）において発生する外国税額控除余裕額を限度として税額を控除できます。

　その効果に注目して，繰越欠損金の場合と同様に繰越外国税額控除についても「将来の税金を減額させる効果」を発生期の税金費用負担額の軽減額として損益計算書において「法人税，住民税及び事業税」から控除する形で「法人税等調整額」を計上し，貸借対照表では「将来の税金を減額させる効果」を前倒しで計上したことを意味する科目として「繰延税金資産」を計上します。

> 繰越外国税額控除 ：翌期以降の繰越可能期間（3年）に発生する
> 　　　　　　　　　外国税額控除余裕額を限度として税額を控除
> 　　　　　　　　　　　⇩
> 　　　　　　　　　　将来減算一時差異と同じ効果
> 　　　　　　　　　　　⇩
> 　　　　　　　　　　繰延税金資産を計上

〈税効果会計のパターン〉

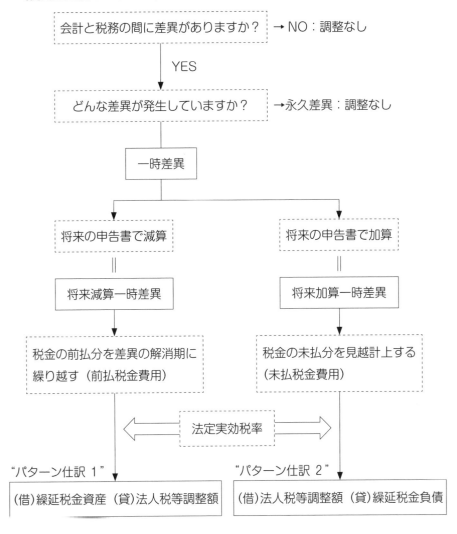

実効税率とは

第3章

1 繰延法と資産負債法

　前章で述べたように，税効果会計は企業会計上の利益（税引前当期純利益）に対応した税金費用（法人税等）を計上することを目的としていますが，どの時点の税金費用の計算を重視するかによって二つの考え方があります。

(1) 繰　延　法

　繰延法は，一時差異が発生した年度の税金費用の計算を重視する考え方です。

　この方法では，一時差異が発生した期の税引前当期純利益と法人税等の対応関係を重視し，調整すべき税金費用は一時差異が発生したことによって発生期の当期純利益にどれだけの影響を与えたのかという観点から計算されます。

　したがって，一時差異が発生した場合に税務上で減額又は増額された差異発生期の税金費用を調整することになります。

　つまり，当期に発生した一時差異額に当期（発生期）の実効税率を乗じた額を，損益計算書の「法人税，住民税及び事業税」から控除又は加算します。

(2) 資産負債法

　資産負債法は，一時差異が解消する年度の税金費用の計算を重視する考え方です。

この方法では，調整すべき税金費用は，一時差異が発生した場合に，一時差異が解消した時点でどれだけ税金が減額（回収）又は増額（支払）されるのかという観点から計算されます。

　したがって，期末時点の一時差異について，一時差異が解消した場合に回収又は支払われるであろう税金費用を調整することになります。

　つまり，将来において解消するであろう一時差異額に将来（解消期）の実効税率を乗じた額を，回収又は支払われるであろう額として繰延税金資産又は繰延税金負債に計上します。

　わが国の税効果会計では，この資産負債法が採用されています。

〈繰延法と資産負債法の比較表〉

	繰　延　法	資産負債法
目　　的	当期の適正な損益計算	当期の適正な資産・負債の計算
重視する当期純利益	差異の発生期	差異の解消期
適用する税率	発生期の税率	解消期の税率
税率変更の処理	見直しの必要なし	見直しが必要

設 例

　会計上と税務上の差異として計上される各期の一時差異（将来減算一時差異）が以下の場合，税効果会計において必要な調整額を計算してみましょう。

年度	差異発生額	差異累計額	実効税率
X1年	1,000 千円	1,000 千円	40%
X2年	1,000 千円	2,000 千円	35%
X3年	1,000 千円	3,000 千円	30%

① **繰延法の場合** (単位:千円)

X1年度　(借)繰延税金資産　400　(貸)法人税等調整額　400
　　　　※ $1,000 \times 40\% = 400$
X2年度　(借)繰延税金資産　350　(貸)法人税等調整額　350
　　　　※ $1,000 \times 35\% = 350$
X3年度　(借)繰延税金資産　300　(貸)法人税等調整額　300
　　　　※ $1,000 \times 30\% = 300$

繰延法は,年々の発生差異についてその発生年度の税率を乗じて,法人税等調整額を算定します。このため,各期の税金費用は,その期の実効税率に対応することになります。

また,繰延税金資産(負債)は,各期に計上された税金費用の積み上げとなります。

② **資産負債法の場合** (単位:千円)

X1年度　(借)繰延税金資産　400　(貸)法人税等調整額　400
　　　　※ $1,000 \times 40\% = 400$
X2年度　(借)繰延税金資産　300　(貸)法人税等調整額　300
　　　　※ $2,000 \times 35\% - 400 = 300$
X3年度　(借)繰延税金資産　200　(貸)法人税等調整額　200
　　　　※ $3,000 \times 30\% - (400 + 300) = 200$

資産負債法では，まず期末時点の一時差異について，いつ発生したかにかかわらず，一律に差異の解消期の税率（各年度末には，将来の税率情報は，なかったとします。）を乗じて繰延税金資産（負債）を計算します。

　次に，前期末に計上された繰延税金資産（負債）と比較することによって，その差額を当期の税金費用の調整額として法人税等調整額を計上します。

2 税効果会計の対象となる税金

　税効果会計においては，企業会計上の利益と課税所得の差異を一時差異として調整します。
　したがって，税効果会計において調整が必要となる税金は，利益に関連する金額を課税標準とする税金ということになります。
　具体的には，次の三つの税金が税効果会計の調整の対象となる税金となります。

> ① 法人税
> ② 都道府県民税及び市町村民税（住民税）
> ③ 事業税

　反対に，利益に関連する金額を課税標準としない以下の税金等は，税効果会計の対象にはなりません。

> ① 所得割以外を課税標準とする事業税
> ② 住民税の均等割
> ③ 特定同族会社の留保金課税

3 法定実効税率とは

　税効果会計における調整額は、企業会計上の利益と課税所得の差異である一時差異に一定の税率を乗じて計算されます。

　そして、この一定の税率は、法定実効税率と呼ばれています。

　では、法定実効税率とはどのようなもので、どのように計算されるのでしょうか。

　税効果会計においては、法人税、都道府県民税及び市町村民税（住民税）、事業税が調整の対象となります。

　そして、これら三つの税金すべての影響額を一度に計算する道具として法定実効税率というものを使用していきます。

　この法定実効税率は、次のような計算式によって求めることができます。

　この計算式においては、住民税が法人税額に住民税率を乗じて求められることや、事業税が法人税等の計算において損金に含められることが考慮されています。

$$\text{法定実効税率} = \frac{\text{法人税率} + \text{法人税率} \times \text{住民税率} + \text{事業税率}^{※}}{1 + \text{事業税率}^{※}}$$

※所得割の税率

　これらの税率のうち、法人税率及び事業税率については画一的に設定されているため適用税率の選択という問題は生じませんが、住民税率については標準税率はあるものの各地方行政によって税率が決定されてい

るため,複数の事業所を持つ企業の場合には,どの税率を適用すべきかについて問題となります。

実務的には,代表的な事業所(たとえば,本社所在地や主な所得の源泉地)に適用されている税率をもとに法定実効税率を計算します。

また,法人税率及び事業税率について軽減税率が適用されている場合には,会計と税法の利益の差額調整が行われる将来の所得水準を考慮して,適用税率を決定します。

たとえば,中小法人等の場合の法人税率は,所得金額のうち年800万円以下の金額について軽減税率が適用されますが,税効果会計において行われる税金費用の調整は,会計と税務の利益の差分について行われるため,実務上は,所得金額のうち年800万円を超える金額に適用される税率を用いて法定実効税率を算定するのが一般的といえます。

平成20年10月1日以後開始する事業年度から[地方法人特別税](平成31年10月1日以後に開始する事業年度から廃止)が,平成26年10月1日以後開始する事業年度から[地方法人税]が適用されているため,法定実効税率の計算式は次のようになります。

$$\frac{法人税率+法人税率\times(\boxed{地方法人税率}+住民税率)+(事業税率(※1)+\boxed{事業税率(※2)\times地方法人特別税率})}{1+(事業税率(※1)+\boxed{事業税率(※2)\times地方法人特別税率})}$$

又は

$$\frac{法人税率\times(1+\boxed{地方法人税率})+法人税率\times住民税率+(事業税率(※1)+\boxed{事業税率(※2)\times地方法人特別税率})}{1+(事業税率(※1)+\boxed{事業税率(※2)\times地方法人特別税率})}$$

(※1) 所得割の税率
(※2) 所得割の税率(標準税率)

4 事業税の税率

普通法人の事業税の標準税率（所得割に係るもの）は以下のとおりです。

資本金等の額	課税標準区分	所得等の区分	税率(%) 平成28年4月1日から平成31年9月30日までに開始する事業年度（注3）	税率(%) 平成31年10月1日以後に開始する事業年度
1億円以下	所得割	年400万円以下の所得	3.4	5.0
		年400万円超 年800万円以下	5.1	7.3
		年800万円超 軽減税率不適用法人(注2)	6.7	9.6
1億円超（外形標準課税法人）(注1)	所得割	年400万円以下の所得	0.3	1.9
		年400万円超 年800万円以下	0.5	2.7
		年800万円超 軽減税率不適用法人(注2)	0.7	3.6
		付加価値割	1.2	1.2
		資本割	0.5	0.5

（注1）外形標準課税対象法人については，所得割のほかに，付加価値割，資本割が課されます。
（注2）軽減税率不適用法人とは，3以上の都道府県に事務所・事業所を設けて事業を行う法人のうち，資本の金額又は出資金額が1,000万円以上の法人をいいます。
（注3）平成31年9月30日までに開始する事業年度については，地方法人特別税が課されているため，その分所得割の税率が低くなっています。

外形標準課税法人に係る「付加価値割」と「資本割」については、課税所得にかかる税金ではないため、税効果会計の適用はありません。

また、平成20年10月1日から平成31年9月30日までに開始する事業年度については、地方法人特別税が適用されており、平成28年4月1日から平成31年9月30日までに開始する事業年度に適用される地方法人特別税の税率は、次のとおりです。

区　分	税　率
外形標準課税が適用されない法人	43.2%
外形標準課税が適用される法人	414.2%

法定実効税率の計算に使用する法人事業税率に地方法人特別税率を適用すると次のように計算され、結果として地方法人特別税導入前とほぼ同じ税率となります。

（外形標準課税が適用されない場合）

　　6.7%×（1＋43.2%）＝9.5944%≒9.6%

（外形標準課税が適用される場合）

　　0.7%×（1＋414.2%）＝3.5994%≒3.6%

設例

適用する税率等（平成31年10月1日以後に開始する事業年度の地方法人特別税が廃止された後の税率とします。）が以下の場合の法定実効税率を計算してみましょう。

・法人税率　　　　　　23.2%
・地方法人税率　　　　10.3%
・都道府県民税率　　　 1.0%

・市町村民税率　　　　6.0%
・法人事業税率（所得割）
　（外形標準課税なし）　9.6%
　（外形標準課税あり）　3.6%

（外形標準課税が適用されない場合）

$$= \frac{[23.2\% \times (1+10.3\%) + 23.2\% \times (1.0\% + 6.0\%) + \underline{9.60\%}]}{1 + \underline{9.60\%}}$$

$= 33.589\cdots\% ≒ \mathbf{33.59\%}$

（外形標準課税が適用される場合）

$$= \frac{[23.2\% \times (1+10.3\%) + 23.2\% \times (1.0\% + 6.0\%) + \underline{3.60\%}]}{1 + \underline{3.60\%}}$$

$= 29.743\cdots\% ≒ \mathbf{29.74\%}$

5 税率が変更になった場合の適用税率

わが国の税効果会計においては,資産負債法が採用されています。

資産負債法では,一時差異が発生した場合に,一時差異が解消した時点でどれだけ税金が減額(回収)又は増額(支払)されるのかという観点から調整すべき税金費用を計算します。

そのため,調整すべき税金費用の計算には,一時差異の解消期の税率を使用します。

したがって,将来の税率が変更になることが明確になった場合には,変更後の税率を適用しなければなりません(第9章参照)。

では,決算処理を行った後に将来の税率が変更になることが明確になった場合にも,変更後の税率を適用しなければならないのでしょうか。

もし決算処理を行った後でも変更後の税率を適用しなければならないということになれば,いつまでたっても決算数値が確定しないことになります。

そこで,将来の税率変更によって修正を行わなければならない時期を明確にしておく必要があります。

具体的には,決算日までに国会で成立した法人税法等により税率が変更された場合には,変更後の税率を使用し,決算日後に国会で成立した法人税法等により税率が変更された場合には,変更前の税率で処理することになります。ただし,この場合には,注記によりその影響額を記載する必要があります(第5章5,6参照)。

第4章 繰延税金資産の回収可能性

1 繰延税金資産の貸借対照表計上要件

　繰延税金資産の計上に当たっては，将来時点で実際に税金の減額効果があるかどうかについて十分に検討しなければなりません。

　その結果，将来減額効果のある金額を限度として，繰延税金資産の計上を行うことができます。

　たとえば，会計上で計上したたな卸資産の評価損が税務上認められず，当期の税務申告書において加算処理し，将来このたな卸資産を処分した時点で減算処理するケースを考えてみましょう。

　もし，課税所得が当分の間マイナスの場合には，将来に減算処理を行っても実際の税金を減額する効果がないことになります。

　このようなケースでは，いくら当期に将来減算一時差異が発生しても，繰延税金資産の計上を行うことはできません。

　繰延税金資産を計上できるのは，将来の税金を減額する効果がある場合に限られますから，次の三つの要件のうちいずれかを満たしていることが必要です。

(1) 収益力に基づく一時差異等加減算前課税所得（注）

① 将来減算一時差異に係る繰延税金資産の回収可能性

　将来減算一時差異の解消見込年度及びその解消見込年度を基準として税務上の欠損金の繰戻し及び繰越しが認められる期間（以下「繰戻・繰越期間」といいます。）に，一時差異等加減算前課税所得が生じる可能性が高いと見込まれること。

② 税務上の繰越欠損金に係る繰延税金資産の回収可能性

税務上の繰越欠損金が生じた事業年度の翌期から繰越期限切れとなるまでの期間（以下「繰越期間」といいます。）に，一時差異等加減算前課税所得が生じる可能性が高いと見込まれること。

上記①又は②の繰戻・繰越期間又は繰越期間の一時差異等加減算前課税所得については，過去の業績や納税状況，将来の業績予測等を総合的に勘案し，合理的に見積る必要があります。

(注)「一時差異等加減算前の課税所得」とは…
将来の課税所得の見積額から，当期末時点で存在する将来加算一時差異と将来減算一時差異の解消見込額及び税務上の繰越欠損金の控除見込額（★）を除いた課税所得をいいます。
・**「課税所得」**…将来の「別表四」を作成する
〈1年後〉（税引前利益 20,000 ＋ 永久差異 5,000）＋ (加算 102,000)
－ (減算 97,000) ＝ 30,000

区分／項目	1年後	2年後	3年後	4年後	5年後
[税引前利益]					
予想税引前当期純利益	20,000	20,000	20,000	20,000	20,000
[永久差異]					
交際費　限度超過額（＋）	5,000	5,000	5,000	5,000	5,000
[申告調整]					
[加算（期末分＋将来発生分）]	102,000	107,000	112,000	117,000	122,000
賞与引当金	80,000	85,000	90,000	95,000	100,000
未払事業税	2,000	2,000	2,000	2,000	2,000
退職給付引当金繰入限度超過額	10,000	10,000	10,000	10,000	10,000
固定資産圧縮積立金認容額の解消分	★10,000	★10,000	★10,000	★10,000	★10,000
[減算（期末分＋将来発生分）]	97,000	102,000	107,000	112,000	117,000
賞与引当金	★75,000	80,000	85,000	90,000	95,000
未払事業税	★2,000	2,000	2,000	2,000	2,000
減価償却限度超過額の解消分	★20,000	★20,000	★20,000	★20,000	★20,000
【課税所得】	30,000	30,000	30,000	30,000	30,000

★：期末に存在している一時差異の解消予定分

・「一時差異等加減算前の課税所得」…将来の「別表四」から★を除く
〈1年後〉(税引前利益 20,000 + 永久差異 5,000) + (加算 92,000) − (減算 0)
　　　　= 117,000

区分／項目	1年後	2年後	3年後	4年後	5年後
[税引前利益]					
予想税引前当期純利益	20,000	20,000	20,000	20,000	20,000
[永久差異]					
交際費　限度超過額(+)	5,000	5,000	5,000	5,000	5,000
[申告調整]					
[加算(将来発生分のみ)]	92,000	97,000	102,000	107,000	112,000
賞与引当金	80,000	85,000	90,000	95,000	100,000
未払事業税	2,000	2,000	2,000	2,000	2,000
退職給付引当金繰入限度超過額	10,000	10,000	10,000	10,000	10,000
固定資産圧縮積立金認容額の解消分	★10,000	★10,000	★10,000	★10,000	★10,000
[減算(将来発生分のみ)]	0	82,000	87,000	92,000	97,000
賞与引当金	★75,000	80,000	85,000	90,000	95,000
未払事業税	★2,000	2,000	2,000	2,000	2,000
減価償却限度超過額の解消分	★2,000	★2,000	★2,000	★2,000	★2,000
【一時差異等加減算前の課税所得】	117,000	40,000	40,000	40,000	40,000

(2)　タックス・プランニングに基づく一時差異等加減算前課税所得

　将来減算一時差異の解消見込年度及び繰戻・繰越期間又は繰越期間に，含み益のある固定資産又は有価証券を売却する等のタックス・プランニングに基づく一時差異等加減算前課税所得が生じる可能性が高いと見込まれること。

(3)　将来加算一時差異
① 　将来減算一時差異に係る繰延税金資産の回収可能性
　　将来減算一時差異の解消見込年度及び繰戻・繰越期間に，将来加算一時差異が解消されると見込まれること。

② 税務上の繰越欠損金に係る繰延税金資産の回収可能性

　繰越期間に税務上の繰越欠損金と相殺される将来加算一時差異が解消されると見込まれること。

　以上の (1) ～ (3) の要件をもとに，将来減算一時差異及び税務上の繰越欠損金が，将来減算一時差異の繰戻・繰越期間及び税務上の繰越欠損金の繰越期間内に，一時差異等加減算前課税所得及び将来加算一時差異によって解消される可能性を検討し，将来の税金を減額する効果が認められる金額のみを繰延税金資産として計上します。

〈繰延税金資産の貸借対照表計上要件〉

① 収益力に基づく一時差異等加減算前課税所得の発生の可能性が高いこと
② タックスプランニングに基づく一時差異等加減算前課税所得の発生の可能性が高いこと
③ 将来加算一時差異の解消が見込まれること

2 回収可能性を判断する具体的な手順

　繰延税金資産の回収可能性を判断する場合には，前述の三つの要件（①収益力に基づく一時差異等加減算前課税所得，②タックス・プランニングに基づく一時差異等加減算前課税所得，③将来加算一時差異）について検討した上で，将来の税金の減額効果を考慮する必要がありますが，具体的には次のような手順で，将来減算一時差異及び税務上の繰越欠損金と相殺できるかを検討し，繰延税金資産の計上額を決定します。

（Step1）一時差異の解消スケジューリング

① 期末における［将来減算］の将来解消見込年度のスケジューリングを行う。

② 期末における［将来加算］の将来解消見込年度のスケジューリングを行う。

（注）「将来減算一時差異」を［将来減算］と，「将来加算一時差異」を［将来加算］と記載しています。

（Step2）将来減算一時差異について，「将来加算一時差異」と相殺

③ ［将来減算］の解消見込額と［将来加算］の解消見込額とを，解消見込年度ごとに相殺する。

④ ③で相殺し切れなかった［将来減算］の解消見込額は，解消見込年度を基準に，税務上認められる欠損金の繰戻・繰越期間の［将来加算］（③で相殺後）の解消見込額と相殺する。

(Step3) 将来減算一時差異について,「一時差異等加減算前課税所得」と相殺

⑤ ④までで相殺し切れなかった[将来減算]の解消見込額は,将来の一時差異等加減算前課税所得の見積額(タックスプランニングを含む)と,解消見込年度ごとに相殺する。

⑥ ⑤で相殺し切れなかった[将来減算]の解消見込額は,解消見込年度を基準に,税務上認められる欠損金の繰戻・繰越期間の一時差異等加減算前課税所得の見積額(⑤で相殺後)と相殺する。

(Step4) 回収可能性のない繰延税金資産の決定

⑦ ⑥までで相殺し切れなかった[将来減算]に係る繰延税金資産の回収可能性はないものと判断し,繰延税金資産から控除する。

※ 期末に税務上の繰越欠損金がある場合は,その繰越期間の将来の課税所得(繰越欠損金控除前)によりスケジューリングを行い,回収が見込まれる金額を繰延税金資産として計上します。

※ [将来加算]が重要でない企業の場合には,年度ごとに一時差異等加減算前課税所得の見積額と[将来加算]の解消見込額を合計して,[将来減算]の年度ごとの解消見込額とを比較し,判断することができます。

設例

次の設例について,税効果仕訳を作成してみましょう。予定実効税率は30%とし,スケジューリング期間は3年とします。(単位:千円)

・当期末時点における一時差異等は，次のとおりです。

一時差異等	金　額
〔将来減算一時差異等〕	
賞与引当金	350
未払事業税	60
貸倒引当金繰入超過額	250
減価償却超過額	1,000
繰越欠損金	120
〔将来加算一時差異〕	
固定資産圧縮積立金認定損	400

・一時差異の解消スケジューリングは，次のとおりです。

区分／項目	一時差異計	一時差異の解消予定事業年度		
		×3年度	×4年度	×5年度
[将来減算一時差異]				
賞与引当金	350	350		
未払事業税	60	60		
貸倒引当金繰入超過額	250	250	0	0
減価償却超過額	1,000	1,000	0	0
【将来減算一時差異(解消) 計】	1,660	1,660	0	0

[将来加算一時差異]				
固定資産圧縮積立金認定損	400	200	100	100
【将来加算一時差異(解消) 計】	400	200	100	100

・一時差異等加減算前課税所得の見積額は，次のとおりです。

　将来の合理的な見積可能期間（3年）について，「一時差異等加減算前課税所得」を計算します。（「将来の別表四」から「期末に存在する一時

2 回収可能性を判断する具体的な手順　49

差異の解消分（★）」を除いた所得）

区分／項目	×3年度	×4年度	×5年度
[税引前利益]			
予想税引前当期純利益	100	100	100
タックスプランニング	－	－	－
[永久差異]			
交際費限度超過額（＋）	－	－	－
受取配当等益金不算入額（－）	－	－	－
[申告調整]			
[加算]			
賞与引当金（発生）	360	370	380
未払事業税（発生）	70	80	90
退職給付引当金繰入額超過額（発生）	－	－	－
固定資産圧縮積立金認定損（解消）	★200	★100	★100
[減算]			
賞与引当金（解消）	★350	360	370
未払事業税（解消）	★60	70	80
貸倒引当金繰入超過額（解消）	★250	★0	★0
減価償却超過額（解消）	★1,000	★0	★0
【一時差異等加減算前課税所得計】	530	120	120

【手順①】一時差異等の分類

設例の一時差異等について，次のように分類します。

(1)「将来減算一時差異」と「将来加算一時差異」を区分します。このとき税務上の繰越欠損金は，「将来減算一時差異"等"」として区分します。

(2)「スケジューリング不能差異」「長期解消差異」に該当する場合は，区分します。

（本設例では，「スケジューリング不能差異」「長期解消差異」は，該当がありません。）

将来減算一時差異等	将来減算一時差異	スケジューリング可能	「スケジューリング不能」以外の一時差異
		長期解消	解消見込年度が長期にわたる将来減算一時差異（ex. 退職給付引当金繰入超過額）
		スケジューリング不能	税務上の損金の算入時期が明確でない一時差異（ex. 持合い株式の評価損）
	税務上の繰越欠損金		青色申告書を提出した事業年度に生じた繰越可能な欠損金額

将来加算一時差異	スケジューリング可能	「スケジューリング不能」以外の一時差異
	スケジューリング不能	税務上の益金の算入時期が明確でない一時差異

上記の分類の結果，一時差異等は，次のように整理できます。

区分／項目	一時差異等
[将来減算一時差異]	
賞与引当金	350
未払事業税	60
貸倒引当金繰入超過額	250
減価償却超過額	1,000
【スケジューリング可能　計】	1,660
[税務上の繰越欠損金]	
繰越欠損金	120
【税務上の繰越欠損金　計】	120

区分／項目	一時差異等
[将来加算一時差異]	
固定資産圧縮積立金認定損	400
【スケジューリング可能　計】	400

【手順②】繰延税金の計算

【手順①】の分類の結果に，予定実効税率30％を乗ずると，それぞれ繰延税金資産（スケジューリング可能），繰延税金資産（繰越欠損金），繰延税金負債（スケジューリング可能）が計算できます。

区分／項目	一時差異等	×30%⇒	繰延税金
[将来減算一時差異]			
【スケジューリング可能　計】	1,660		498
[税務上の繰越欠損金]			
【税務上の繰越欠損金　計】	120		36

区分／項目	一時差異等		繰延税金
[将来加算一時差異]			
【スケジューリング可能　計】	400		120

【手順③】税効果仕訳の計上

＊期末残高の計上

（借）繰延税金資産	498	（貸）繰延税金負債	120	
繰延税金資産（繰欠）	36	法人税等調整額	414	…貸借差額

【手順④】回収可能性の検討

＊回収可能性を判断する具体的な手順

(Step1)

	期末残	×3年度	×4年度	×5年度	計
①【将来減算一時差異（解消）計】	1,660	1,660	−	−	1,660
②【将来加算一時差異（解消）計】	400	200	100	100	400

(Step2)

		×3年度	×4年度	×5年度	
③［将来加算］と相殺		+200	−	−	
（③の残額）	②−①	△1,460	100	100	
④［将来加算］の繰戻・繰越相殺		+200	△100	△100	
（④の残額）	（③の残額）+④	△1,260	−	−	

(Step3)

		×3年度	×4年度	×5年度	計
A　【一時差異等加減算前課税所得計】		530	120	120	770
⑤一時差異等加減算前課税所得との相殺	A	+530	−	−	
（⑤の残額）	（④の残額）+A	△730	120	120	
B　繰越欠損金の控除	120	−	△120	−	
（Bの残額）	（⑤の残額）+B	△730	0	120	
⑥一時差異等加減算前の課税所得の繰戻・繰越相殺		+120	−	△120	
（⑥の残額）	（Bの残額）+⑥	△610	−	−	

(Step4)

C　法定実効税率		30%	30%	30%	
⑦回収可能性のない繰延税金資産	(⑥の残高)×C	183	—	—	183

【参考】

繰延税金資産(回収可能性考慮前)	(①+B)×30%				534
回収可能性のある繰延税金資産	×C	219	66	66	351
③の相殺額		200	—	—	200
④の相殺額		—	100	100	200
⑤の相殺額		530	—	—	530
Bの相殺額		—	120	—	120
⑥の相殺額		—	—	120	120
計		730	220	220	1,170

　期末時点で，将来減算一時差異（賞与引当金，未払事業税，貸倒引当金繰入超過額，減価償却超過額）が1,660千円（税額としては498千円）ありますが，将来3年間のスケジューリングの結果，回収可能性のない繰延税金資産が183千円であるため，繰延税金資産に計上できるのは315千円となります。

　また，税務上の繰越欠損金は，(Step3)で相殺できているため，回収可能性が認められ，繰延税金資産を36千円計上します。

＊当期末の繰延税金資産（回収可能性考慮前）

　　（借）繰延税金資産　　　　498　（貸）繰延税金負債　　　120
　　　　　繰延税金資産(繰欠)　 36　　　　法人税等調整額　　 414　…貸借差額

＊回収可能性のない繰延税金資産

　（借）繰延税金資産　　　△183　（貸）繰延税金負債　　　－
　　　　繰延税金資産(繰欠)　　－　　　　　法人税等調整額△183

＊回収可能性のある繰延税金資産

　（借）繰延税金資産　　　　315　（貸）繰延税金負債　　　120
　　　　繰延税金資産(繰欠)　　36　　　　　法人税等調整額　　231

　上記設例の場合は，3年後までのスケジューリングを行っていますが，4年後，5年後とスケジュールを長く見込むほど，将来減算一時差異や繰越欠損金の相殺可能額は大きくなり，繰延税金資産の額も大きくなります。

　そのため，会社ごとにスケジューリング期間を自由に設定できるとすれば，決算操作が自由に行えることになります。

　そこで，税効果会計のルールとして，「繰延税金資産の回収可能性に関する適用指針（企業会計基準委員会）」を公表し，会社を業績等によって分類し，その分類ごとにスケジューリングできる期間を限定しています。

　ただし，連結財務諸表作成のために行う連結子会社での税効果会計の適用に当たっては，連結財務諸表に与える影響が小さい連結子会社の場合には，期末現在の一時差異等の合計額と過去5年間のその連結子会社の課税所得の合計額のいずれか少ない金額を回収可能額とすることができるとされています。

会社の業績による繰延税金資産の回収可能性

「繰延税金資産の回収可能性に関する適用指針（企業会計基準適用指針第26号）」の概要

①会社の分類

会社分類	課税所得等	業　績	重要な税務上の欠損金
分類1	(1) 過去(3年)及び当期のすべてで，期末における将来減算一時差異を十分に上回る課税所得が生じている。 (2) 当期末において，経営環境に著しい変化がない。	安定	－
分類2	(1) 過去(3年)及び当期のすべてで，臨時的な原因により生じたものを除いた課税所得が，期末における将来減算一時差異を下回るものの，安定的に生じている。 (2) 当期末において，近い将来に経営環境に著しい変化が見込まれない。 (3) 過去(3年)及び当期のいずれの事業年度でも重要な税務上の欠損金が生じていない。	安定	－
分類3	(1) 過去(3年)及び当期において，臨時的な原因により生じたものを除いた課税所得が大きく増減している。 (2) 過去(3年)及び当期のいずれの事業年度においても重要な税務上の欠損金が生じていない。	不安定	－

分類4	次のいずれかの要件を満たし，かつ，翌期において一時差異等加減算前課税所得が生じることが見込まれる企業。 (1) 過去(3年)又は当期において，重要な税務上の欠損金が生じている。 (2) 過去(3年)において，重要な税務上の欠損金の繰越期限切れとなった事実がある。 (3) 当期末において，重要な税務上の欠損金の繰越期限切れが見込まれる。	－	○
分類5	(1) 過去(3年)及び当期のすべてで，重要な税務上の欠損金が生じている。 (2) 翌期においても重要な税務上の欠損金が生じることが見込まれる。	－	○

②分類別回収可能性の判定

会社分類	スケジューリングの可否	スケジューリング可能差異	長期解消差異	スケジューリング不能差異
分類1	不要	○(すべて)	○(すべて)	○
分類2	可能	○(計画期間)	○(すべて)	×(注1)
分類3	可能	○ (約5年)(注2)	○(すべて)	×
分類4	可能	○ (翌年分) (注3)	○ (翌年分) (注3)	×
分類5	不可	×	×	×

《例外的な取扱い》…実務上，適用されるケースは限定されます。

(注1) スケジューリング不能な将来減算一時差異のうち，税務上の損金算入時期が個別に特定できないが将来のいずれかの時点で損金算入される可能性が高いと見込まれるものについて，その将来のいず

れかの時点で回収できることを企業が合理的な根拠をもって説明する場合，そのスケジューリング不能な将来減算一時差異に係る繰延税金資産は回収可能性があるものとされます。

(注2) 5年を超える見積可能期間においてスケジューリングされた一時差異等に係る繰延税金資産が回収可能であることを企業が合理的な根拠をもって説明する場合，その繰延税金資産は回収可能性があるものとされます。

(注3) 将来において5年超にわたり一時差異等加減算前課税所得が安定的に生じることを企業が合理的な根拠をもって説明するときは（分類2）に該当するものとして取り扱われます。

将来においておおむね3年から5年程度は一時差異等加減算前課税所得が生じることを企業が合理的な根拠をもって説明するときは（分類3）に該当するものとして取り扱われます。

税効果会計の表示と注記

第5章

1 貸借対照表の表示区分

税効果会計の適用によって期間調整された税金費用は,「繰延税金資産」又は「繰延税金負債」として差異の解消する期まで貸借対照表において,繰り越され又は見越計上されることになります。

(1) 繰延税金資産と繰延税金負債の表示

「繰延税金資産」又は「繰延税金負債」について,従来は,流動項目と固定項目に区分表示する必要がありましたが,平成30年2月16日に公表された企業会計基準第28号「『税効果会計に係る会計基準』の一部改正」により,平成30年4月1日以後開始する事業年度からは「繰延税金資産」又は「繰延税金負債」の表示について固定科目で一本化することとされました。

具体的には,「繰延税金資産」は,投資その他の資産の区分に表示し,「繰延税金負債」は固定負債の区分に表示します。

(2) 繰延税金資産と繰延税金負債の相殺表示

同一の納税主体における繰延税金資産と繰延税金負債は,相殺して純額で表示します。

したがって,投資その他の資産の「繰延税金資産」と,固定負債の「繰延税金負債」は,相殺したうえで,どちらか大きい金額の方を純額で表示します。

ただし,異なる納税主体における繰延税金資産と繰延税金負債は相殺

しないため，たとえば，連結財務諸表における親会社の繰延税金資産と子会社の繰延税金負債は，相殺せずにそれぞれ表示します。

逆に，連結納税を行っている親会社と子会社は同一の納税主体となるため，その繰延税金資産と繰延税金負債は，相殺して純額で表示します。

(3) 法人税等調整額の表示

前期の繰延税金資産及び繰延税金負債と，当期の繰延税金資産及び繰延税金負債の差額として計算される法人税等調整額は，「法人税，住民税及び事業税」の調整科目として，「法人税，住民税及び事業税」の下に表示します。

2 貸借対照表の記載場所

貸借対照表における繰延税金資産と繰延税金負債の表示場所は，おおむね以下のようになります。

貸借対照表（資産の部）

```
（固定資産）
  ［投資その他の資産］
    ……                          ……
    長期前払費用                  ×××
    繰延税金資産                  ×××
    ……                          ……
    その他の投資その他の資産      ×××
    貸倒引当金                   △×××
      投資その他の資産合計        ×××
```

繰延税金資産は，前払税金費用を意味するため，長期前払費用の次に表示します。

一方，繰延税金負債は，未払税金費用を意味するため，長期未払金の次に表示します。

貸借対照表(負債の部)

```
(固定負債)
    ……              ×××
    長期未払金        ×××
    繰延税金負債      ×××
    ……              ……
    退職給付引当金    ×××
    その他の固定負債  ×××
      固定負債合計    ×××
```

3 税効果会計に関する注記の内容

　税効果会計を適用した場合は，損益計算書において「法人税等調整額」，貸借対照表において「繰延税金資産」と「繰延税金負債」が計上されます。

　しかし，これだけの情報では税金費用の調整内容が不明確といわざるをえません。

　そこで，次のような事項を注記情報で補足することによって税効果会計による調整内容を明確にします。

　① 繰延税金資産及び繰延税金負債の発生原因別の主な内訳
　② 法定実効税率と税効果会計適用後の法人税等の負担率との間に差異があるときは，当該差異の原因となった主な項目別の内訳
　③ 法人税等の税率の変更により繰延税金資産及び繰延税金負債の金額が修正されたときは，その旨及び修正額
　④ 決算日後に法人税等の税率の変更があった場合には，その内容及び影響

4 繰延税金の発生原因別の内訳

税効果会計を適用した場合は，貸借対照表において「繰延税金資産」と「繰延税金負債」が計上されますが，その内訳は法人税申告書等を見なければ明らかになりません。

そこで，「繰延税金資産」と「繰延税金負債」がそれぞれどのような内容から構成されているのかを示すために，その発生原因別の明細表を注記情報として開示します。

(注記例)

	X1年3月31日	X2年3月31日
繰延税金資産		
貸倒引当金	1,000	1,600
賞与引当金	600	980
未払事業税	1,200	640
その他	460	870
繰延税金資産小計	3,260	4,090
評価性引当額	△ 300	△ 400
繰延税金資産合計	2,960	3,690
繰延税金負債		
固定資産圧縮積立金	△ 1,800	△ 580
繰延税金資産(負債)の純額	1,160	3,110

「繰延税金資産及び繰延税金負債の発生原因別の主な内訳」の注記では，注記例のように，「繰延税金資産」と「繰延税金負債」それぞれにつ

いて内訳内容を表示しますが、重要性がない項目についてはまとめて「その他」として表示をすることもできます。

「繰延税金資産」については回収可能性を考慮して、回収可能性が乏しい額については、「評価性引当額」として控除します。

また、(a) 繰延税金資産の発生原因別の主な内訳として「税務上の繰越欠損金」を記載している場合で、(b) その「税務上の繰越欠損金」の額が重要であるときは、次のように内容を追加して記載する必要があります。

（1） 評価性引当額について

① 評価性引当額を、「税務上の繰越欠損金に係る評価性引当額」と「将来減算一時差異等の合計に係る評価性引当額」に区分して記載
② 評価性引当額に重要な変動が生じている場合、その変動の主な内容

（2） 税務上の繰越欠損金について

① 繰越期限別の税務上の繰越欠損金に係る次の金額
・税務上の繰越欠損金の額に法人税等の税率を乗じた額
・税務上の繰越欠損金に係る繰延税金資産から控除された額（評価性引当額）
・税務上の繰越欠損金に係る繰延税金資産の額
② 税務上の繰越欠損金に係る重要な繰延税金資産を計上している場合、その繰延税金資産を回収可能と判断した主な理由

1. 繰延税金資産及び繰延税金負債の発生原因別の主な内訳

		前連結会計年度	当連結会計年度
繰延税金資産	税務上繰越欠損金(*2)	XXX 百万円	XXX 百万円
	退職給付に係る負債	XXX	XXX
	減損損失	XXX	XXX
	その他	XXX	XXX
	繰延税金資産小計	XXX	XXX
税務上の繰越欠損金に係る評価性引当額(*2)		△XXX	△XXX
将来減算一時差異等の合計に係る評価性引当額		△XXX	△XXX
	評価性引当額小計(*1)	△XXX	△XXX
	繰延税金資産合計	XXX	XXX

繰延税金負債（以下　略）

(*1)（繰延税金資産から控除された額(評価性引当額)に重要な変動が生じている場合，その変動の主な内容を記載する。）

(*2) 税務上の繰越欠損金及びその繰延税金資産の繰越期限別の金額

（前連結会計年度）

	X年以内	X年超 X年以内	X年超 X年以内	X年超 X年以内	X年超 X年以内	X年超	合　計
税務上の繰越欠損金(a)	－	－	－	－	XXX	－	XXX 百万円
評価性引当額	－	－	－	－	△XXX	－	△XXX
繰延税金資産	－	－	－	－	XXX	－	XXX

(a) 税務上の繰越欠損金は，法定実効税率を乗じた額です。

(当連結会計年度)

	X年以内	X年超 X年以内	X年超 X年以内	X年超 X年以内	X年超 X年以内	X年超	合計
税務上の繰越欠損金(b)	―	―	―	XXX	―	XXX	XXX 百万円
評価性引当額	―	―	―	―	―	△XXX	△XXX
繰延税金資産	―	―	―	XXX	―	―	(c)XXX

(b) 税務上の繰越欠損金は,法定実効税率を乗じた額です。
(c) (税務上の繰越欠損金に係る重要な繰延税金資産を計上している場合,その繰延税金資産を回収可能と判断した主な理由を記載します。)

5 法定実効税率と税効果会計適用後の税率との差異原因別の内訳

　税効果会計は，各期の法人税等の額を税引前当期純利益に対応した金額に修正することにより，各期の当期純利益（税引後利益）を業績評価の指標として正しく計算しようとする会計処理です。

　そのため，税効果会計を適用した場合には，原則として各期の法人税等の額は税引前当期純利益に法定実効税率を乗じた金額になっているはずです。

　ところが，永久差異があったり，将来の税率が変更になった場合など，法人税等の額が，税引前当期純利益に法定実効税率を乗じた金額になっていない場合があります。その例外的項目を明らかにすることで，明示した例外的項目を除けば法人税等の額が，税引前当期純利益に当期の法定実効税率を乗じた金額になっていることを示しているのがこの注記情報です。

　「法定実効税率と税効果会計適用後の法人税等の負担率との間に重要な差異があるときの，当該差異の原因となった主要な項目別の内訳」の注記では，注記例のように，当期の税率で計算された法定実効税率と税効果会計適用後の法人税等の負担率（損益計算書において実際に計上された「法人税，住民税及び事業税」と「法人税等調整額」の合計額が税引前利益に占める割合）の差異の内訳を「調整」において税引前当期純利益に占める割合として記載します。

　「調整」の中に，「税率変更による期末繰延税金資産の減額修正」という項目がありますが，これは繰延税金資産の計算において資産負債法が

採用されており差異の解消期の税率が適用されているため，税率変更があった場合には，当期の税率をもとに計算された法定実効税率との間に差異が生じていることからこのような調整が必要となります。

(注記例)

	X1年3月31日	X2年3月31日
法定実効税率	40%	30%
（調　整）		
交際費等永久に損金に算入されない項目	8.4	8.2
受取配当金等永久に益金に算入されない項目	－	△2.0
住民税均等割等	0.2	0.1
税率変更による期末繰延税金資産の減額修正	4.5	4.0
その他	－	0.5
税効果会計適用後の法人税等の負担率	53.1%	40.8%

6 法人税等の税率変更による影響

　繰延税金資産及び繰延税金負債は，資産負債法が採用されているため期末時点の一時差異について，解消期の法定実効税率を乗じて計算します。

　したがって，法人税等の税率が変更された場合，期首時点の一時差異が期末時点でも残っていれば，同じ一時差異について期首時点の繰延税金資産及び繰延税金負債は変更前の税率で計算され，期末時点の繰延税金資産及び繰延税金負債は変更後の税率で計算されることになります。

　この税率が変更された場合の影響額は，次のような注記情報として明示することになります。

（注記例）

> 「繰延税金資産及び繰延税金負債の計算に使用した法定実効税率は，前期40％，当期30％であり，当期における税率の変更により，繰延税金資産の金額（繰延税金負債の金額を控除した金額）が640減少し，当期に費用計上された法人税等の金額が同額増加している。」
> 　（注）上記の税率の変更による法人税等の増加額は，期末現在の一時差異及び税務上の繰越欠損金の残高に新税率と旧税率との差額を乗じて算出するものとする。

7 決算日後に法人税等の税率変更があった場合

　決算日までに明らかになった将来の税率変更については変更後の税率を使用し，決算日後に明らかになった将来の税率変更については変更後の税率を使用せず変更前の税率で処理することになります。

　したがって，決算日後に税率変更があった場合には，その変更による影響が当期の損益計算書の「法人税等調整額」及び貸借対照表の「繰延税金資産」「繰延税金負債」に反映されません。

　ただし，この税率変更による影響は，必ず翌期の損益計算書及び貸借対照表に反映されてきます。

　そこで，決算日後に法人税等の税率の変更があった場合には，翌期の損益予測のための情報としてその内容及び影響を開示する必要があります。

個別財務諸表の税効果

第6章

1　設例による個別税効果仕訳の検討

　個別財務諸表における税効果仕訳については，法人税申告書の別表四，別表五（一），別表七などの資料をもとに一時差異を集計し，それに回収又は支払いが見込まれる期の法定実効税率（以下「予定実効税率」といいます。）を乗じて繰延税金資産・繰延税金負債の計上を行います。

　では，以下の設例により，各項目の税効果仕訳について検討してみましょう。

設例

　A社は，前期以前より税効果会計を適用しています。以下の資料をもとにして，X1年度とX2年度の税効果仕訳をみてみましょう。

資料1

　A社のX1年度とX2年度における税効果会計適用前の貸借対照表（一部抜粋）は次のとおりです。

A社貸借対照表

	X1年度	X2年度		X1年度	X2年度
（流動資産）			（流動負債）		
たな卸資産	1,200	1,000	未払事業税	1,100	1,050
（固定資産）			賞与引当金	400	450
建物	2,400	2,000	（純資産）		
貸倒引当金	△100	△250	固定資産圧縮積立金	600	500

資料2

X1年度末時点及びX2年度末時点における予定実効税率は、それぞれ40％、30％とします。

資料3

X1年度、X2年度における税引前当期純利益、法人税申告書別表四の調整項目は次のとおりです。

（申告調整項目）

		X1年度	X2年度	差異の種別
税引前当期純利益		9,200	10,400	
加算	賞与引当金	400	450	一時差異
	貸倒引当金繰入超過額	100	150	一時差異
	たな卸資産評価損否認	200	100	一時差異
	減価償却費超過額	—	100	一時差異
	交際費損金不算入額	300	—	永久差異
	未払事業税	1,100	1,050	一時差異
	加算計	2,100	1,850	
減算	賞与引当金認容	—	400	一時差異
	たな卸資産評価損認容	—	200	一時差異
	固定資産圧縮積立金認定損	600	—	一時差異
	未払事業税認容	—	1,100	一時差異
	減算計	600	1,700	
課税所得		10,700	10,550	

資料4

X1年度に取得した建物2,400については、X1年度の剰余金の処分において圧縮記帳600を行い、固定資産圧縮積立金を貸借対照表に計上しています。

また、この建物については残存価額ゼロで、計上年度の翌年度以降6年間で定額法により償却を行っています。

2 賞与引当金に係る税効果

設例の賞与引当金に関する各年度の一時差異の金額（資料3）及び予定実効税率（資料2）をまとめますと，次のようになります。

	将来減算一時差異	予定実効税率	繰延税金資産
X1年度	400	40%	160
X2年度	450	30%	135

まず，X1年度の一時差異400に対して，翌期に賞与の支給時点で解消される将来減算一時差異として繰延税金資産の計上を行います。

(借)繰延税金資産　　　160　　　(貸)法人税等調整額　　　160
※X1年度将来減算一時差異400×40％＝160：X1年度繰延税金資産

次に，X2年度においては期首時点の一時差異400は取り崩され，新たに450の一時差異が計上されています。
したがって，X2年度には，450の一時差異に対して税効果を認識して繰延税金資産を計上することになります。

(借)法人税等調整額　　　25　　　(貸)繰延税金資産　　　25
※X1年度将来減算一時差異400×40％＝160：X1年度繰延税金資産
　X2年度将来減算一時差異450×30％＝135：X2年度繰延税金資産
　法人税等調整額計上：160－135＝25

X1年度、X2年度の賞与引当金の税効果に関する損益計算書を示しますと次のようになります。

損益計算書

	（X1年度）	（X2年度）
税引前当期純利益	9,200	10,400
法人税，住民税及び事業税	＊＊＊	＊＊＊
法人税等調整額	＊＊＊（注）	25
差　引（又は計）	＊＊＊	＊＊＊
当期純利益	＊＊＊	＊＊＊

（注）X1年度の法人税等調整額は，X0年度の繰延税金資産とX1年度の繰延税金資産の差額であるため，不明となります（以下の頁においても同様）。

また，貸借対照表にはX1年度における一時差異400に係る繰延税金資産160，X2年度における一時差異450に係る繰延税金資産135が計上されることになります。

貸借対照表

	（X1年度）	（X2年度）
（投資その他の資産）		
繰延税金資産	160	135

3 貸倒引当金に係る税効果

設例の貸倒引当金に関する各年度の一時差異の金額（資料3）及び予定実効税率（資料2）をまとめますと次のようになります。

	将来減算一時差異	予定実効税率	繰延税金資産
X1年度	100	40%	40
X2年度	250	30%	75

X1年度において，税務計算上，貸倒引当金の繰入限度超過額が100発生しているため，一時差異100が発生しています。この一時差異は，将来対象債権の回収又は貸倒れによって税務申告書上減算されることで解消されます。

したがって，将来減算一時差異を認識して繰延税金資産を計上します。

　(借)繰 延 税 金 資 産　　　40　　　(貸)法人税等調整額　　　40
　※X1年度将来減算一時差異100×40％＝40：X1年度繰延税金資産

次に，X2年度にも税務計算上，貸倒引当金の繰入限度超過額が150追加発生していますので，X2年度における一時差異の累計は250となります。これに対して繰延税金資産を追加的に計上することになります。

(借)繰延税金資産　　　35　　　　(貸)法人税等調整額　　　35

※X1年度将来減算一時差異 100×40％＝40：X1年度繰延税金資産
　X2年度将来減算一時差異 250×30％＝75：X2年度繰延税金資産
　法人税等調整額計上：40－75＝△35

貸倒引当金の税効果に関する損益計算書を示しますと，次のようになります。

損益計算書

	（X1年度）	（X2年度）
税引前当期純利益	9,200	10,400
法人税，住民税及び事業税	＊＊＊	＊＊＊
法人税等調整額	＊＊＊	△35
差　引（又は計）	＊＊＊	＊＊＊
当期純利益	＊＊＊	＊＊＊

また，貸借対照表にはX1年度における一時差異100に係る繰延税金資産40，X2年度における一時差異250に係る繰延税金資産75が計上されることになります。

貸借対照表

	（X1年度）	（X2年度）
(投資その他の資産)		
繰延税金資産	40	75

4 たな卸資産の評価損に係る税効果

　会計上において，たな卸資産の評価損を計上したが，税務上評価損の計上が認められない場合，税務申告書で加算処理することになります。

　設例のたな卸資産の評価損に関する各年度の一時差異を（資料3）よりまとめますと，次のとおりです。

	将来減算一時差異	予定実効税率	繰延税金資産
X1年度	200	40%	80
X2年度	100	30%	30

　設例では，X1年度の確定決算において計上したたな卸資産の評価損200について，税務上は損金計上が認められないものとして否認されています。

　この一時差異は，将来において税務上で評価損の計上が認められた時点で，税務上減算されるものです。

　したがって，将来減算一時差異に対して繰延税金資産を計上します。

（借）繰 延 税 金 資 産　　　80　　　（貸）法人税等調整額　　　80
※X1年度将来減算一時差異 200×40% ＝80：X1年度繰延税金資産

　次に，X2年度にX1年度の一時差異200が認容され，新たにたな卸資産評価損100が否認額として加算されているため，最終的に100の一時差異がX2年度に残高として残ることになります。

(借) 法人税等調整額　　　50　　　(貸) 繰 延 税 金 資 産　　　50
※X1年度将来減算一時差異 200×40％＝80：X1年度繰延税金資産
　X2年度将来減算一時差異 100×30％＝30：X2年度繰延税金資産
　法人税等調整額計上：80－30＝50

たな卸資産評価損の税効果に関する損益計算書を示しますと以下のようになります。

	損益計算書	
	（X1年度）	（X2年度）
税引前当期純利益	9,200	10,400
法人税, 住民税及び事業税	＊＊＊	＊＊＊
法人税等調整額	＊＊＊	50
差　引（又は計）	＊＊＊	＊＊＊
当期純利益	＊＊＊	＊＊＊

また，貸借対照表には，X1年度における一時差異 200 に係る繰延税金資産 80，X2年度における一時差異 100 に係る繰延税金資産 30 が計上されることになります。

	貸借対照表	
	（X1年度）	（X2年度）
（投資その他の資産）		
繰延税金資産	80	30

5 未払事業税に係る税効果

設例の未払事業税に関する各年度の一時差異の金額（資料3）及び予定実効税率（資料2）をまとめますと，次のようになります。

	将来減算一時差異	予定実効税率	繰延税金資産
X1年度	1,100	40％	440
X2年度	1,050	30％	315

X1年度の確定決算において未払事業税の計上1,100を行っていますが，税務上は「損金の額に算入した納税充当金」の一部として加算されるため，X1年度に同額の一時差異が発生します。

この未払事業税はX2年度において納付されますので，X2年度の税務申告書上「納税充当金から支出した事業税等の額」として減算されます。

したがって，将来減算一時差異として繰延税金資産を計上します。

(借)繰延税金資産　　　440　　　(貸)法人税等調整額　　　440
※X1年度将来減算一時差異 1,100×40％＝440

次に，X2年度においてはX1年度の未払事業税の取崩しとX2年度末に新たに1,050が計上されるため，X2年度には1,050の一時差異が残ります。これに，予定実効税率30％を乗じた315が繰延税金資産の残高となります。

(借)法人税等調整額　　　125　　　(貸)繰延税金資産　　　125
※X1年度将来減算一時差異 1,100×40％＝440
　X2年度将来減算一時差異 1,050×30％＝315
　法人税等調整額計上：440－315＝125

未払事業税の税効果に関する損益計算書を示しますと，次のようになります。

損益計算書

	（X1年度）	（X2年度）
税引前当期純利益	9,200	10,400
法人税，住民税及び事業税	＊＊＊	＊＊＊
法人税等調整額	＊＊＊	125
差　引(又は計)	＊＊＊	＊＊＊
当期純利益	＊＊＊	＊＊＊

そして，貸借対照表にはX1年度における一時差異 1,100 に係る繰延税金資産 440，X2年度における一時差異 1,050 に係る繰延税金資産 315 が計上されることになります。

貸借対照表

	（X1年度）	（X2年度）
（投資その他の資産）		
繰延税金資産	440	315

6 積立金方式による固定資産圧縮積立金に係る税効果

圧縮記帳とは，固定資産を取得する際に，新たに取得する資産の取得価額から，交換に供した資産，国から受け取った補助金又は保険差益等を減額する方法のことをいいます。

法人税法上又は租税特別措置法上において認められている圧縮記帳には，次のようなものがあります。

① 国庫補助金による取得資産の圧縮記帳
② 工事負担金による取得資産の圧縮記帳
③ 保険差益による取得資産の圧縮記帳
④ 交換による取得資産の圧縮記帳
⑤ 収用による取得資産の圧縮記帳
⑥ 特定資産の買換えによる圧縮記帳

この圧縮記帳の方法には，直接取得価額から控除する「直接減額方式」と，剰余金の処分により圧縮積立金を計上する「積立金方式」の二つの方法があります。

このうち，「直接減額方式」については固定資産取得価額について税務上と会計上で差異が生じないため問題にはなりませんが，「積立金方式」によった場合には，差異が生じるため一時差異を認識して，税効果仕訳を計上する必要があります。

ただし，④の交換による場合には，税務上，「直接減額方式」のみ認めていますので，上記の例のうち「積立金方式」による圧縮記帳が認められるのは，①②③⑤⑥の場合となります。

「積立金方式」により圧縮記帳を行う場合の会計処理を確認します。

まず，圧縮記帳を行った年度において次のような会計処理が行われます。

　（借）繰越利益剰余金　＊＊＊　　　（貸）固定資産圧縮積立金　＊＊＊

そして，税務申告書上は同額の「固定資産圧縮積立金認定損」が減算されることになります。

したがって，圧縮記帳を行った年度については法人税法上の課税所得が会計上の利益よりも小さくなります（将来加算一時差異の発生）。

その後の年度において，固定資産圧縮積立金の計上額だけ会計上の固定資産の簿価が税務上の簿価よりも過大になっているため，会計上計上される減価償却費についても過大になります。

このため，税務申告書上は圧縮記帳分の減価償却費が限度超過額として加算されます（将来加算一時差異の解消）。

したがって，圧縮記帳を行った年度においては将来加算一時差異に対して繰延税金負債を計上し，その後の年度において減価償却限度超過額として加算される際に，繰延税金負債を取り崩すことになります。

また，税効果会計を適用した場合，積立金方式で計上した圧縮積立金の積立額及び取崩額は，税効果相当額を控除した後の金額で計上することになります。

つまり，純資産の部に計上する固定資産圧縮積立金については，繰延税金負債を控除した金額で計上します。

設例の固定資産圧縮記帳について，一時差異（資料3）及び予定実効税率（資料2）をまとめると次のようになります。

	将来加算一時差異	予定実効税率	繰延税金負債
X1年度	600	40%	240
X2年度	500	30%	150

まず,税務申告書において,固定資産圧縮積立金認定損が600減算され,将来加算一時差異が発生しますので,これに対して繰延税金負債を計上します。

(借)法人税等調整額　　240　　(貸)繰延税金負債　　240
※将来加算一時差異600×40％＝240

次に,X1年度の決算で,圧縮記帳による積立金の計上を行います。ここでは,X1年度に係る繰延税金負債を計上した金額を除いて,次のような仕訳が行われます。

(借)繰越利益剰余金　　360　　(貸)固定資産圧縮積立金　　360
※将来加算一時差異600－繰延税金負債240＝360：X1年度固定資産
　圧縮積立金

X2年度の税務申告書において固定資産圧縮積立金の分だけ会計上過大に計上された減価償却費が限度超過額として加算され将来加算一時差異が,解消されますので,これに対応する固定資産圧縮積立金に係る繰延税金負債を取り崩します。

(借)繰延税金負債　　90　　(貸)法人税等調整額　　90
※X1年度将来加算一時差異600×40％＝240：X1年度繰延税金負債
　X2年度将来加算一時差異500×30％＝150：X2年度繰延税金負債
　法人税等調整額計上：240－150＝90

このうち△60がX2年度に予定実効税率が40％から30％に変更になったことによる繰延税金負債の取崩分，△30が圧縮積立金の取崩しによるものということになります。

※税率変更分：600×(30％－40％)＝△60
　税務上の取崩しによるもの：(500－600)×30％＝△30

そして，X2年度に係る剰余金の処分において，税率変更による固定資産圧縮積立金への繰入れと減価償却超過額分の圧縮記帳積立金の取崩しを行います。

(税率変更による固定資産圧縮積立金の調整)

　　(借)繰越利益剰余金　　60　　(貸)固定資産圧縮積立金　　60
　　※将来加算一時差異600×(30％－40％)＝△60となるため，固定資産圧縮積立金は，その分増加する。

(減価償却に伴う固定資産圧縮積立金の取崩し)

　　会計上は，減価償却超過額と同額の固定資産圧縮積立金を剰余金の処分により取り崩します。

　　(借)固定資産圧縮積立金　　70　　(貸)繰越利益剰余金　　70
　　※繰延税金負債控除後の固定資産圧縮積立金600×(1－30％)×1/6＝70

〈固定資産圧縮積立金と繰延税金負債の処理〉

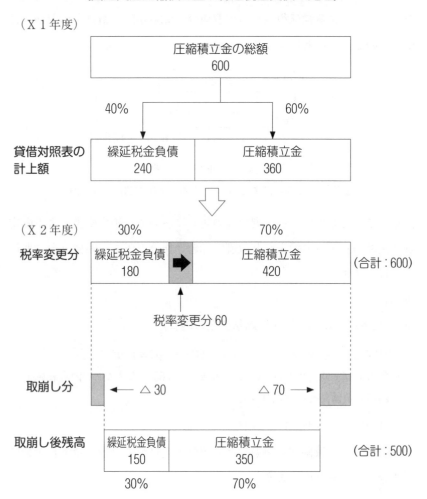

固定資産の圧縮記帳の税効果に関するX1年度とX2年度の損益計算書を示しますと次のようになります。

```
┌─────────────── 損益計算書 ───────────────┐
│                        （X1年度）    （X2年度）  │
│  税引前当期純利益          9,200       10,400   │
│  法人税，住民税及び事業税    ＊＊＊        ＊＊＊    │
│  法人税等調整額            240        △90     │
│   差  引（又は計）         ＊＊＊        ＊＊＊    │
│  当期純利益               ＊＊＊        ＊＊＊    │
└──────────────────────────────────────┘
```

また，貸借対照表には，X1年度に将来加算一時差異600に係る繰延税金負債240が，X2年度に将来加算一時差異500に係る繰延税金負債150が計上されることになります。

X1年度の貸借対照表（純資産の部）においては，繰延税金負債の計上額を控除した額で固定資産圧縮積立金が計上されます。

```
┌─────────── 貸借対照表 ───────────┐
│                  （X1年度） （X2年度） │
│  （固定負債）                         │
│    繰延税金負債        240      150   │
│  （純資産の部）                       │
│    固定資産圧縮積立金   360      350   │
└──────────────────────────────────┘
```

また，X2年度の株主資本等変動計算書においては，税率変更による圧縮記帳積立金の繰入額60の計上と繰延税金負債控除後の金額70（＝100－30）の取崩しが行われることになります。

株主資本等変動計算書（固定資産圧縮積立金）

	（X1年度）	（X2年度）
前期末残高	0	360
固定資産圧縮積立金の積立	360	60
固定資産圧縮積立金の取崩	−	△70
当期末残高	360	350

第7章 その他の税効果会計

1 繰越欠損金に係る税効果

　税務上の繰越欠損金がある場合には翌期以降10年間（平成30年3月31日以前に開始する事業年度に生じた欠損金については9年間（第9章参照））にわたって繰り越し，その繰越期間中に課税所得が発生した場合には，課税所得からの控除が認められています。

　ただし，中小法人等以外の法人には，控除限度額が設定されており，繰越欠損金の控除が可能な金額は，繰越欠損金を控除する前の所得金額の50％に制限されています（平成29年4月1日から平成30年3月31日に開始する事業年度については55％）。

　この繰越欠損金については企業会計上の資産・負債と法人税法上の資産・負債との差異には該当しないため一時差異ではありませんが，一時差異と同様の効果があるため，一時差異に準じるものとして一時差異と同様に取り扱います。

　以下，設例により確認します。

設 例

　X1年度，X2年度，X3年度の課税所得又は繰越欠損金，予定実効税率が次のとおりであったとします（翌期の税率は，前期の決算日には決定されていなかったとします。）。

　また，繰越欠損金以外の将来加算一時差異及び将来減算一時差異はなかったとします。

	X1年度	X2年度	X3年度
(一時差異等加減算前) 課税所得	—	100	500
繰越欠損金	△400	—	—
予定実効税率	40%	30%	30%

X1年度、X2年度の税効果仕訳をみてみましょう。

このケースでは、X1年度の繰越欠損金について翌年度以降に繰り越し、その繰越期間中の課税所得から控除することができます。

一般に、繰越欠損金に係る繰延税金資産を計上するためには、次のいずれかの条件を満たす必要があります。

① 繰越欠損金の繰越期間に一時差異等加減算前課税所得が発生する可能性が高いこと。

② 繰越欠損金の繰越期間に含み益のある固定資産又は有価証券の売却等により一時差異等加減算前課税所得を発生させるようなタックスプランニングが存在すること。

③ 繰越欠損金と相殺できる十分な将来加算一時差異の解消が見込まれること。

設例では、X2年度の課税所得が100でX3年度の課税所得が500であるため、繰越期間中にすべての繰越欠損金が控除可能です（ただし、実務上、翌年度以降の一時差異等加減算前課税所得を見積るためには、取締役会などで承認された中期計画などが必要です。）。

したがって、X1年度の繰越欠損金全額を一時差異に準ずるものとして、予定実効税率を乗じて繰延税金資産を計上します。

(借)繰延税金資産　　160　　(貸)法人税等調整額　　160

※X1年度一時差異等400×40％＝160：X1年度繰延税金資産

次に，X2年度において課税所得100が発生していますので，同額の繰越欠損金を充当することができるため，繰越欠損金の残高は300となります。これに，予定実効税率を乗じて繰延税金資産を計算すると，90（＝X2年度一時差異等300×30％）になるため，X1年度に計上した繰延税金資産を70（＝160－90）取り崩すことになります。

(借)法人税等調整額　　　70　　　(貸)繰延税金資産　　　70
　※X1年度一時差異等400×40％＝160：X1年度繰延税金資産
　　X2年度一時差異等300×30％＝ 90：X2年度繰延税金資産
　　法人税等調整額計上：160－90＝70

繰越欠損金の税効果に関するX1年度，X2年度の損益計算書を示しますと以下のようになります。

損益計算書	（X1年度）	（X2年度）
税引前当期純利益	△400	100
法人税, 住民税及び事業税	＊＊＊	＊＊＊
法人税等調整額	△160	70
差　引(又は計)	＊＊＊	＊＊＊
当期純利益	＊＊＊	＊＊＊

また，貸借対照表にはX1年度における一時差異等400に係る繰延税金資産160，X2年度における一時差異等300に係る繰延税金資産90が回収可能なものとして計上されることになります。

2　繰越外国税額控除に係る税効果

　内国法人が海外で事業活動を行い，外国で生じた所得に対して，わが国の法人税と外国の法人税等が課された場合には，国際的にみて二重課税の問題が生じます。

　これに対して，税務上は外国税額控除という制度を設けています。これは，外国で支払った法人税等に相当する税額を，日本における法人税額から控除することができる制度です。さらに，実際に外国で支払った税額が控除限度額よりも多い場合には，繰越可能期間（3年間）を限度として翌期以降に繰り越すことができます。この繰り越された外国税額を繰越外国税額といいます。

　繰越外国税額は，繰越可能な期間において外国税額が控除限度額に満たない場合は，その満たない額（控除余裕額）を限度として，控除余裕額の生じた年度の法人税から控除することができます。したがって，翌期以降に外国税額控除余裕額が生じることが確実に見込まれるときは，将来の法人税等を減額する効果があることになります。

　この繰越外国税額控除については，税務上の繰越欠損金と同様，会計上と法人税法上の資産・負債の差異ではないため一時差異ではありませんが，将来の税金の減額効果に着目して，一時差異に準ずるものとして税効果会計を適用することになります。

　設例により確認してみましょう。

設例

次の条件をもとに外国税額控除に係る税効果仕訳をみてみましょう。

	X1年度	X2年度
外国税額控除前法人税額	400	600
国内所得	900	1,000
在外支店の国外所得	100	200
在外支店に係る外国税額	60	80

まず,X1年度とX2年度の控除限度額を算定します。

(X1年度)

$$法人税\,400 \times \frac{国外所得\,100}{国内所得\,900 + 国外所得\,100} = 控除限度額\,40$$

(X2年度)

$$法人税\,600 \times \frac{国外所得\,200}{国内所得\,1,000 + 国外所得\,200} = 控除限度額\,100$$

また,外国税額については3年間の繰越しが認められていますので,上記の前提から各年度の控除余裕額と繰越外国税額の計算をしますと,次のようになります。

	X1年度	X2年度
支払外国税額	60	80
控除限度額	40	100
控除余裕額	―	20
繰越外国税額	20	―

すなわち，X1年度に控除できなかった繰越外国税額が20発生していますが，X2年度に控除余裕額が20ありますので，X2年度にX1年度の繰越外国税額を控除することができます。

　X1年度の外国税額控除に係る税効果仕訳は次のとおりです。

　　　(借)繰延税金資産　　　20　　　(貸)法人税等調整額　　　20

　繰越外国税額に対して税効果会計を適用し，将来減算一時差異に係る繰延税金資産を計上します。

　次に，X2年度において，20の繰越外国税額が控除されていますので，対応する繰延税金資産を取り崩します。

　　　(借)法人税等調整額　　　20　　　(貸)繰延税金資産　　　20

3 「その他有価証券」の評価差額に係る税効果

「有価証券」について,会計基準では,保有目的等の観点から以下の4つに区分され,それぞれについて評価基準が定められています。

〈有価証券の評価基準と評価差額の取扱い〉

区分	評価基準	評価差額の取扱い	法人税法の取扱い
1 売買目的有価証券	時価	洗替法又は切放法により当期の損益に計上	洗替方式による時価
2 満期保有目的の債券	取得原価又は償却原価	-	取得原価又は償却原価
3 子会社株式及び関連会社株式	取得原価	-	企業支配株式＝原価法（取引所の相場がある場合を含む。）
4 その他有価証券	時価（時価がない場合には「2」と同様）	純資産の部に計上	取得原価又は償却原価

このように,「その他有価証券」以外の有価証券については,会計上の取扱いと税務上の取扱いが同様であるため,税効果会計を適用する必要はありませんが,「その他有価証券」の評価差額について,税務上は,益金又は損金への算入が認められていないため一時差異が生じることにな

り，税効果会計を適用する必要があります。

ところが，「その他有価証券」の簿価と時価の差額（評価差額）については，損益計算書を通さず，純資産の部に「その他有価証券評価差額金」という勘定科目を設けて計上するため，税引前当期純利益には影響がなく，通常の税効果仕訳のように「法人税等調整額」勘定を使用して，税金費用を調整することができません。

そこで，「その他有価証券」の評価差額のうち，仮に評価時点で「その他有価証券」を売却していれば負担しなければならない税金費用分は，「その他有価証券評価差額金」を直接減額することになります。

設例

その他有価証券の簿価：500，時価：800とし，予定実効税率は30％とします。

＊会計上の仕訳

　　（借）投資有価証券　　　　　300　（貸）その他有価証券評価差額金　300

＊「その他有価証券」の評価差額の税効果仕訳
［評価益の場合］

　　（借）**その他有価証券評価差額金** 90　（貸）繰延税金負債　　　　　　90
　　※その他有価証券評価差額金 300×30％＝90

［評価損の場合］

　　（借）繰延税金資産　　　　×××　（貸）**その他有価証券評価差額金** ×××

その他有価証券の評価差額に対する税効果会計については，原則として，評価差損と評価差益とに区分し，個々の銘柄ごとに，評価差損（将来減算一時差異）については回収可能性を検討したうえで繰延税金資産を認識し，評価差益（将来加算一時差異）については繰延税金負債を認識します。

しかし，税効果会計を一括して適用することも認められています。

（1） スケジューリングが可能なもの

評価差損と評価差益とに区分し，評価差損については回収可能性を検討したうえで繰延税金資産を認識し，評価差益については繰延税金負債を認識します。

（2） スケジューリングが不能なもの

評価差損と評価差益とに区分せず，各合計額を相殺した後の純額の評価差損又は評価差益について，繰延税金資産又は繰延税金負債を認識します。

① **純額で評価差益の場合**

純額の評価差益については繰延税金負債を認識します。

しかし，その評価差益はスケジューリング不能な将来加算一時差異であるため，繰延税金資産の回収可能性の判断に当たっては，評価差額以外の将来減算一時差異とは相殺できません。

② **純額で評価差損の場合**

純額の評価差損はスケジューリング不能な将来減算一時差異であるため，原則として，その繰延税金資産の回収可能性はないものとして取り扱います。ただし，通常，その他有価証券は随時売却が可能であ

り，また，長期的には売却されることが想定される有価証券であることを考慮し，純額の評価差損に係る繰延税金資産については，会社の業績等の状況を回収可能性の判断基準とすることができるものとされています。

	評価単位	スケジューリング	評価差額 （差益と差損の区分）	評価差損	評価差益
原則	個々の銘柄ごと	可能	差益と差損を区分する	銘柄ごとに回収可能性を検討し，繰延税金資産を計上	繰延税金負債を計上
		不能(注)	差益と差損を区分する	繰延税金資産を計上できない	繰延税金負債を計上
容認	一括して	可能	差益と差損を区分する	回収可能性を検討し，繰延税金資産を計上	繰延税金負債を計上
		不能(注)	純額で評価	〈純額で評価差損の場合〉 　（原則）回収可能性なし 　（容認）［分類1・2］回収可能性あり 　　　　　［分類3］スケジューリングにより判断 〈純額で評価差益の場合〉 　繰延税金負債を計上	

（注）実務上は，その他有価証券の売却時期が決まっていないことが多く，その場合には「スケジューリング不能」と扱われます。

4 固定資産の減損に係る税効果

　固定資産の減損損失を計上することにより発生する将来減算一時差異に係る繰延税金資産の回収可能性については，減損損失に係る将来減算一時差異が解消までに長期間を要する可能性が高いこと，また，事業として使用している固定資産であることを考慮する必要があります。

　まず，固定資産の減損損失に係る将来減算一時差異が，その解消時期について，スケジューリング可能か，スケジューリング不能かの判定を行います。

　スケジューリング不能な一時差異と判定されたものについては，〈会社の分類〉の"分類1"（第4章参照）の会社等の場合を除いて回収可能性はないものと判断します。

　スケジューリングの可否の判定に当たっては，減損損失の対象となった固定資産の状態，すなわち，現在及び将来の使用・遊休・処分の状況及び見込みに基づきその判定が行われることになります。

(1) 償却資産

　償却資産に係る将来減算一時差異は，通常，減価償却計算を通して解消されます。その意味で，スケジューリング可能な一時差異と考えられます。また，固定資産に計上されていないリース資産について減損処理が行われた場合には，貸方科目として「リース資産減損勘定」等の科目が用いられますが，その定額法による取崩額についても同様にスケジューリング可能なものと考えることができます。

また，減価償却計算の耐用年数の終了を待たずに処分が予定されている場合は，その処分予定に基づいてスケジューリングすることになります。

(2) 非償却資産

土地等の非償却資産に係る将来減算一時差異のスケジューリングは，売却処分等の予定がある場合はそれによることになりますが，売却予定がなく事業として使用している場合には，スケジューリングが困難であるため，スケジューリング不能な一時差異として取り扱います。

設例

A社のa店舗（建物150百万円，土地300百万円）について，減損損失（建物100百万円，土地200百万円）を計上したとします。A社の繰延税金資産の回収可能性の判断に当たっては5年のスケジューリングを基礎とし，十分な課税所得が発生する可能性が高いものとします。建物の残存耐用年数は20年，残存価額は0とします。予定実効税率は30％とします。

① 固定資産の減損処理

(借)減損損失（建物）	100	(貸)建　物		100
(借)減損損失（土地）	200	(貸)土　地		200

別表五(一)　利益積立金額の計算に関する明細書

区分	期首現在利益積立金額	当期の増減		差引翌期首現在利益積立金額
		減	増	
利益準備金				
別途積立金				
建物減損損失否認	−	−	100	100
土地減損損失否認	−	−	200	200

② **税効果仕訳**

[(5年以内の) 処分が予定されている場合]

　売却等により全額についてスケジューリング可能であり，繰延税金資産の全額について回収可能と判定されます。

　・建　物　(借)繰延税金資産　　30　　(貸)法人税等調整額　　30
　　　　※建物減損損失否認100×30％
　・土　地　(借)繰延税金資産　　60　　(貸)法人税等調整額　　60
　　　　※土地減損損失否認200×30％

[(5年以内の) 処分が予定されていない場合]

　建物は，減価償却により，20年後には税務上も，会計上も建物の価額は「0」となり一時差異は解消します。しかし，A社は5年のスケジューリングを基礎とするため，解消が可能な一時差異は1/4（5年/20年）で，残り3/4はスケジューリングできないため繰延税金資産の1/4についてのみ回収可能と判定されます。

　土地は，非償却資産であり建物のような減価償却による一時差異の解消はできず，一時差異の全額について解消のスケジューリングができないため，繰延税金資産は〈会社の分類〉の"分類1"の会社等の場合を除いて回収可能性はないものと判断されます。

・建　物　（借）繰延税金資産　　8　　（貸）法人税等調整額　　8
　　　　　※建物減価償却額 100÷20年×5年×30％＝7.5≒8
・土　地　（借）繰延税金資産　　0　　（貸）法人税等調整額　　0

　なお，"分類1"の会社等の場合には，スケジューリングができなくても，回収可能性があると判断されるため，繰延税金資産の全額について計上できます。

5 資産除去債務における税効果

「資産除去債務に関する会計基準」の適用に伴い計上されることになった「資産除去債務（負債）」及び「それに対応する除去費用（資産）」は，税務上の資産，負債として認められていないため，税務上の申告調整が必要となります。

具体的には，「資産除去債務（負債）」の計上時・資産除去時及び「それに対応する除去費用（資産）」の計上時・減価償却時，また「資産除去債務（負債）」に係る利息費用の計上時・資産除去時に，それぞれ次のような調整が必要になります。

その結果，税効果会計においては，それぞれ一時差異が発生し，税効果会計による調整が必要となります。

これをまとめると，次のようになります。

		税務上の調整	一時差異
「資産除去債務（負債）」	計上時	負債の取消	将来減算一時差異
	資産除去時	減算調整	
「それに対応する除去費用（資産）」	計上時	資産の取消	将来加算一時差異
	減価償却時	加算調整	
「資産除去債務（負債）」に係る利息費用	計上時	加算調整	将来減算一時差異
	資産除去時	減算調整	

設例

X1年4月1日に設備Aを取得し，使用を開始したとします。
・設備Aの取得原価は10,000
・耐用年数は5年（残存価額0で定額法により減価償却）
・設備Aを使用後に除去する法的義務あり
・設備Aを除去するときの支出見込は1,000
・割引率は3.0％

X6年3月31日に設備Aが除去されたとします。
・設備Aの除去に係る支出は1,050
・資産除去債務は取得時にのみ発生

なお，決算日は3月31日とし，予定実効税率は30％とします。

＊会計上の仕訳

① ［発生時］X1年4月1日に設備Aを取得し，使用を開始した。

(借)機 械 装 置	10,000	(貸)現 金 預 金	10,000
(借)機 械 装 置	863	(貸)資産除去債務	863※

※将来キャッシュ・フロー見積額 $1,000 \div (1.03)^5$

② ［経過時］X1年4月1日〜X6年3月31日（5年間のまとめ）
・資産側

(借)減 価 償 却 費	10,000	(貸)減価償却累計額	10,000
(借)減 価 償 却 費	863	(貸)減価償却累計額	863

・負債側

(借)利 息 費 用　　　　　137　　(貸)資産除去債務　　　137※
※ ［1年目］X1年4月1日資産除去債務863×3%　　　　　　…26
　＋［2年目］X2年4月1日資産除去債務(863+26)×3%　　　　…27
　＋［3年目］X3年4月1日資産除去債務(863+26+27)×3%　　 …27
　＋［4年目］X4年4月1日資産除去債務(863+26+27+27)×3%　 …28
　＋［5年目］X5年4月1日資産除去債務(863+26+27+27+28)×3% …29

③ ［資産除去時］X6年3月31日に設備Aが除去された。

・資産側

(借)減価償却累計額　　　10,000　(貸)機 械 装 置　　　10,000
(借)減価償却累計額　　　　 863　(貸)機 械 装 置　　　　 863

・負債側

(借)資 産 除 去 債 務　　1,000　(貸)現 金 預 金　　　 1,050
(借)差 額 費 用　　　　　　 50

＊税効果仕訳

① ［発生時］X1年4月1日に設備Aを取得し，使用を開始した。
　・機械装置（資産）863について，税務上は資産が取り消され（別表五(一)でマイナス調整），将来の減価償却費が加算調整されるため，将来加算一時差異に該当します。

(借)法人税等調整額　　　　259　　(貸)繰延税金負債　　　　259
　　※機械装置（資産）863×予定実効税率30% = 258.9 ≒ 259

・資産除去債務（負債）863について，税務上は負債が取り消され（別表五(一)でプラス調整），除去時に減算調整されるため，将来減算一時差異に該当します。

(借)繰延税金資産　　　　259　　(貸)法人税等調整額　　　　259
　　※資産除去債務（負債）863×予定実効税率30％＝258.9≒259

② ［経過時］X1年4月1日～X6年3月31日（5年間のまとめ）
・減価償却費863について，税務上は加算調整されますが，これは，機械装置（資産）に係る将来加算一時差異の解消に該当します。

(借)繰延税金負債　　　　259　　(貸)法人税等調整額　　　　259
　　※減価償却費863×予定実効税率30％＝258.9≒259

・利息費用137について，税務上は加算調整され，除去時に減算調整されるため，将来減算一時差異に該当します。

(借)繰延税金資産　　　　41　　(貸)法人税等調整額　　　　41
　　※利息費用137×予定実効税率30％＝41.1≒41

③ ［資産除去時］X6年3月31日に設備Aが除去された。
・資産除去債務（負債）1,000（＝資産除去債務863＋利息費用137）について，税務上は減算調整されますが，これは，資産除去債務（負債）に係る将来減算一時差異の解消に該当します。

(借)法人税等調整額　　　　300　　(貸)繰延税金資産　　　　300
　　※資産除去債務（負債）1,000×予定実効税率30％＝300

6 会計方針の変更による過年度遡及処理における税効果

　「会計上の変更及び誤謬の訂正に関する会計基準」の適用に伴い，「会計方針の変更」を行った場合には，原則として新たな会計方針を過去の期間のすべてに「遡及適用」することになります。

　「会計方針の変更」とは，従来採用していた一般に公正妥当と認められた会計方針から他の一般に公正妥当と認められた会計方針に変更することをいい，「遡及適用」とは，新たな会計方針を過去の財務諸表に遡って適用していたかのように会計処理することをいいます。

　「会計方針の変更」は，一般に公正妥当と認められた会計方針から他の一般に公正妥当と認められた会計方針への変更であるため，過年度の財務諸表を実際に修正するわけではなく，あくまで当期の財務諸表（比較情報としての過年度の財務諸表を含む）を修正することになります。

　そのため，「会計方針の変更」を行った場合には，財務諸表の前期末残高と当期首残高に差異が生じることになります。

　会計上の前期末残高と税務上の前期末残高の差額については，前期末において，すでに税効果による調整が行われているため，「会計方針の変更」を行った場合に生じた前期末残高と当期首残高の差異についてのみ，追加的に税効果による調整を行います。

設 例

　A社のX2年3月期の売上原価は下表のとおりです。A社は，X2年3月期に，たな卸資産の評価方法について，正当な理由により「総平均

法」から「先入先出法」に変更しました。なお,たな卸資産の当期末残高は会計と税務で差異がなかったものとし,予定実効税率は30％とします。

	税　務	会　計	
	(期首)「総平均法」 (期末)「先入先出法」	(変更前) 「総平均法」	(変更後) 「先入先出法」
たな卸資産 (前期末)	400	400	—
たな卸資産 (当期首)	400	400	500
当期仕入高	6,000	—	6,000
たな卸資産 (当期末)	400	—	400
売上原価	6,000	—	6,100

① ［当期首］

　会計方針の変更前は,会計上のたな卸資産(当期首),税務上のたな卸資産(当期首)ともに400でしたが,会計方針の変更後は,会計上のたな卸資産(当期首)が500,税務上のたな卸資産(当期首)が400となるため,会計と税務で差異が発生します。

＊会計方針の変更による過年度遡及(たな卸資産)

　(借)たな卸資産　　　100　　　(貸)繰越利益剰余金　　　100

たとえば,このたな卸資産を800で売却した場合には,

(会計上のたな卸資産(当期首)) 500＞(税務上のたな卸資産(当期首)) 400

であるため,

(会計上の売上総利益) 300＜(税務上の売上総利益) 400

となり,税金費用(30％)も

(会計上の税金費用) 90＜(税務上の税金費用) 120

となります。

したがって，（会計上のたな卸資産（当期首））が（税務上のたな卸資産（当期首））よりも大きい場合には，将来の税金が多くなる将来加算一時差異が発生していることになります。

＊会計方針の変更による過年度遡及（繰延税金負債の計上）

　　（借）繰越利益剰余金　　30　　　（貸）繰延税金負債　　30
　　※たな卸資産の一時差異100×予定実効税率30％＝30

② ［当期末］

当期末においては，会計上のたな卸資産（当期末），税務上のたな卸資産（当期末）ともに会計方針の変更後の残高400になるため，会計と税務の差異は解消し，当期首に計上した繰延税金負債を取り崩すことになります。

＊会計方針の変更による過年度遡及（繰延税金負債の取崩）

　　（借）繰延税金負債　　30　　　（貸）法人税等調整額　　30

上記の設例のように，会計方針の変更による過年度遡及が行われた場合には，それに伴う一時差異について，期首の日付で繰延税金資産又は繰延税金負債を計上するとともに，当期中にその一時差異が解消した場合には，繰延税金資産又は繰延税金負債の取り崩しにより，法人税等調整額を計上することになります。

第8章 税効果会計の具体的な手続

1 実例による税効果会計の適用

個別決算書において税効果会計を適用するには，法人税，住民税及び事業税の税率から予定実効税率を算定するとともに，法人税申告書の別表五(一)，別表七などから一時差異の金額を算定する必要があります。

(1) 税効果仕訳の作成手順

税効果仕訳を作成する手順をまとめてみると，次のようになります。

- ①一時差異等の集計 …(法人税申告書)別表五(一)から一時差異等を抽出します。
- ②一時差異等の分類 …「将来減算」「将来加算」に区分し，「スケジューリング可能」「スケジューリング不能」「長期解消」に分類します。
- ③予定実効税率の計算 …将来の法人税，住民税，事業税の合算税率を計算します。
- ④繰延税金の計算 …一時差異×予定実効税率で，繰延税金資産・繰延税金負債を計算します。
- ⑤税効果仕訳の計上 …繰延税金資産・負債について，前期末残高を取り崩し，当期末残高を計上します。
- ⑥回収可能性の検討 …繰延税金資産について，回収可能性を検討し，回収不能額を繰延税金資産から控除します。

（2） 実例による税効果仕訳の作成手順

それでは，実際に次の別表五(一)，別表七から，X2年度の一時差異に関する税効果仕訳を作成してみましょう。なお，予定実効税率は30％とします。

別表五(一)　利益積立金額の計算に関する明細書

区　分	期首現在利益積立金額	当期の増減 減	当期の増減 増	差引翌期首現在利益積立金額
利益準備金	1,000	—	—	1,000
別途積立金	500	—	—	500
賞与引当金	300	300	350	350
貸倒引当金繰入超過額	100	100	250	250
減価償却超過額	800	200	400	1,000
固定資産圧縮積立金	500	100	—	400
固定資産圧縮積立金認定損	△500	△100	—	△400
繰越損益金	2,000	2,000	2,300	2,300
納税充当金（※）	200	200	250	250
未納法人税等（法人税，住民税）（※）	△150	△150	△190	△190

（※）「納税充当金」－「未納法人税等(法人税，住民税)」＝「未払事業税」

別表七　欠損金又は災害損失金の損金算入に関する明細書

事業年度	控除未済欠損金額	当期控除額	翌期繰越額
X0年4月1日～X1年3月31日	200	80	120
計	200	80	120

【手順①】一時差異等の集計

別表五(一)の「期首現在利益積立金額」には一時差異の前期末の残高,「翌期首現在利益積立金額」には一時差異の当期末の残高が集計されています。そこで，別表五(一)から一時差異を選別していきます。

- 貸借対照表の純資産の部に計上されている「利益剰余金」(利益準備金，別途積立金，固定資産圧縮積立金，繰越損益金) を除外します。
- 「納税充当金」から「未納法人税等(法人税，住民税)」を差し引きして「未払事業税」を，別表七から「繰越欠損金」を追加します。

別表五(一)　利益積立金額の計算に関する明細書

区　　分	期首現在利益積立金額	当期の増減 減	当期の増減 増	差引翌期首現在利益積立金額
利益準備金	1,000			1,000
別途積立金	500			500
賞与引当金	300	300	350	350
貸倒引当金繰入超過額	100	100	250	250
減価償却超過額	800	200	400	1,000
固定資産圧縮積立金	500	100		400
固定資産圧縮積立金認定損	△500	△100	—	△400
繰越損益金	2,000	2,000	2,300	2,300
～(追加項目)～				
未払事業税	50	50	60	60
繰越欠損金	200	80	—	120

※「当期の増減」も必要ありません。

【手順②】 一時差異等の分類

(1) 別表五(一)の「期首現在利益積立金額」及び「翌期首現在利益積立金額」がプラスのものは「将来減算一時差異」，マイナスのものは「将来加算一時差異」として区分します。このとき税務上の繰越欠損金は，「将来減算一時差異"等"」として区分します。

(2) 「スケジューリング不能差異」「長期解消差異」に該当する場合は，区分します。

将来減算一時差異等	将来減算一時差異	スケジューリング可能	「スケジューリング不能」以外の一時差異
		長期解消	解消見込年度が長期にわたる将来減算一時差異 (ex. 退職給付引当金繰入超過額)
		スケジューリング不能	税務上の損金の算入時期が明確でない一時差異 (ex. 持合い株式の評価損)
	税務上の繰越欠損金		青色申告書を提出した事業年度に生じた繰越可能な欠損金額

将来加算一時差異	スケジューリング可能	「スケジューリング不能」以外の一時差異
	スケジューリング不能	税務上の益金の算入時期が明確でない一時差異

上記の分類の結果，一時差異等は，次のように整理できます。

・一時差異等の分類

区分／項目	一時差異等	
	×1年度	×2年度
[将来減算一時差異]		
賞与引当金	300	350
未払事業税	50	60
貸倒引当金繰入超過額	100	250
減価償却超過額	800	1,000
【スケジューリング可能 計】	1,250	1,660
[税務上の繰越欠損金]		
繰越欠損金	200	120
【税務上の繰越欠損金 計】	200	120

[将来加算一時差異]		
固定資産圧縮積立金認定損	500	400
【スケジューリング可能 計】	500	400

【手順③】 予定実効税率の計算

期末時点で，国会で成立している将来の税率（法人税率・地方法人税率，（代表的な事業所の）住民税率，事業税率・地方法人特別税率）により，将来の各年度の予定実効税率を計算します。

設例より，30％とします。

【手順④】繰延税金の計算

わが国の税効果会計では，資産負債法を採用しているため，繰延税金資産・繰延税金負債は，将来減算一時差異・将来加算一時差異に，一時差異が解消される年度の予定実効税率30％を乗じて計算します。

区分／項目	一時差異等		⇒	繰延税金	
	×1年度	×2年度		×1年度	×2年度
[将来減算一時差異]					
【スケジューリング可能 計】	1,250	1,660		375	498
[税務上の繰越欠損金]					
【税務上の繰越欠損金 計】	200	120		60	36
[将来加算一時差異]					
【スケジューリング可能 計】	500	400		150	120

【手順⑤】税効果仕訳の計上

繰延税金資産・繰延税金負債について，前期末残高を取り崩し，当期末残高を計上します。

(X1年度) 前期末残高

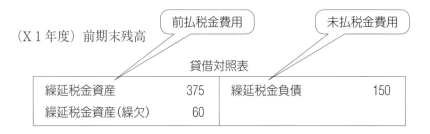

(X2年度)

・期首残高の戻入

　(借)繰延税金負債　　　150　(貸)繰延税金資産　　　375
　　　法人税等調整額　　285　　　繰延税金資産(繰欠)　60

・期末残高の計上

　(借)繰延税金資産　　　498　(貸)繰延税金負債　　　120
　　　繰延税金資産(繰欠)　36　　　法人税等調整額　　414　…貸借差額

・表示科目の相殺

　(借)繰延税金負債　　　120　(貸)繰延税金資産　　　120

　設例のX2年度における税効果に関する表示は，以下のようになります。

損益計算書

税引前利益		×××
法人税等	×××	
法人税等調整額	−129	
差　引		×××
当期純利益		×××

貸借対照表

繰延税金資産(固定)	378	繰延税金負債(固定)	−
繰延税金資産(繰欠)	36		

※同一納税主体における繰延税金資産と繰延税金負債は，相殺して純額で表示します。

2 税効果会計に係る申告書別表の処理

　税効果会計は，企業会計上の税金費用を適正に計算することを目的としています。したがって，税効果会計を適用しても，税法上の課税所得及び税額が影響を受けることはありません。

　しかし，税効果会計を適用した場合には，法人税申告書の別表四における課税所得の計算起点となる当期純利益が税効果調整分（法人税等調整額）だけ増減するため，税効果会計適用の影響額を取り除く処理が必要となります。

　また，当期純利益が変動すると繰越利益剰余金も変動するため，法人税申告書の別表五(一)における利益積立金額の計算においても税効果会計適用の影響額を取り除く処理が必要となります。

　設例について，税効果会計に係る法人税申告書の別表四及び別表五(一)の処理をみてみましょう。

設例1　繰延税金資産の別表処理

- Ｘ１年度にたな卸資産の評価損100が税務上否認された（差異の発生）。
- Ｘ２年度にたな卸資産を廃却したとする（差異の解消）。
- 会計上毎期，税引前当期純利益が200発生し，予定実効税率は30％とする。また，繰越利益剰余金の期首残高は0とする。

①　Ｘ１年度：差異の発生期

　一時差異の発生期であるＸ１年度の申告書の記載方法を確認します。

X1年度の税効果仕訳は，次のようになります。

　　(借)繰延税金資産　　　30　　　(貸)法人税等調整額　　30
　　※たな卸資産の評価損100×30％＝30

X1年度の損益計算書と貸借対照表は，次のようになります。

損益計算書（一部抜粋）

（科　目）	税効果適用前	税効果適用後	
税引前当期純利益	200	200	
法人税，住民税及び事業税	90	90	（※1）
法人税等調整額	－	△30	
当期純利益	110	140	

（※1）（税引前当期純利益200＋たな卸資産評価損否認100）×30％＝90

貸借対照表（一部抜粋）

（科　目）	税効果適用前	税効果適用後	
(資産の部)			
繰延税金資産	－	30	
(純資産の部)			
繰越利益剰余金	110	140	（※2）

（※2）期首残高が0であるため，損益計算書の当期純利益と同額となる。

まず,損益計算書は,税効果会計を適用したことにより,税金費用が30減少し,当期純利益は30増加します。

その結果,法人税申告書別表四の1行目の当期利益が30増加し,その影響額を取り除くため,別表四で「法人税等調整額」などの項目で,所得金額を減算します。

別表四　所得の金額の計算に関する明細書（税効果適用前）

区　分		総　額	処　分	
			留　保	社外流出
		①	②	③
当期利益又は当期欠損の額		110	110	
加算	損金の額に算入した納税充当金	90	90	
	たな卸資産評価損否認	100	100	
減算				
所得金額又は欠損金額		300	300	

別表四　所得の金額の計算に関する明細書（税効果適用後）

区　分		総　額	処　分	
			留　保	社外流出
		①	②	③
当期利益又は当期欠損の額		140	140	
加算	損金の額に算入した納税充当金	90	90	
	たな卸資産評価損否認	100	100	
減算	**法人税等調整額**	30	30	
所得金額又は欠損金額		300	300	

次に,貸借対照表は,税効果会計を適用したことにより,繰延税金資産が30計上されるとともに,繰越利益剰余金が30増加します。

その結果,法人税申告書別表五(一)の繰越損益金が30増加し,その影響額を取り除くため,別表五(一)に「繰延税金資産」の項目で,利益積立金額を減額します。

別表五(一) 利益積立金額の計算に関する明細書(税効果適用前)

区 分	期首現在利益積立金額	当期の増減 減	当期の増減 増	差引翌期首現在利益積立金額
	①	②	③	④
…				
たな卸資産評価損否認			100	100
…				
繰越損益金	0	0	110	110
…				

別表五(一) 利益積立金額の計算に関する明細書(税効果適用後)

区 分	期首現在利益積立金額	当期の増減 減	当期の増減 増	差引翌期首現在利益積立金額
	①	②	③	④
…				
たな卸資産評価損否認			100	100
繰延税金資産			△30	△30
…				
繰越損益金	0	0	140	140
…				

② X2年度：差異の解消期

一時差異の解消期であるX2年度の申告書の記載方法を確認します。
X2年度の税効果仕訳は，次のようになります。

(借)法人税等調整額　　　30　　(貸)繰延税金資産　　　30
※たな卸資産の評価損 100×30％＝30

X2年度の損益計算書と貸借対照表は，次のようになります。

損益計算書（一部抜粋）

（科　目）	税効果適用前	税効果適用後	
税引前当期純利益	200	200	
法人税，住民税及び事業税	30	30	（※1）
法人税等調整額	－	30	
当期純利益	170	140	

（※1）（税引前当期純利益200－たな卸資産評価損認容100）×30％＝30

貸借対照表（一部抜粋）

（科　目）	税効果適用前	税効果適用後	
(資産の部)			
繰延税金資産	－	0	
(純資産の部)			
繰越利益剰余金	280	280	（※2）

（※2）（税効果適用前）期首残高 110 ＋ 当期純利益 170 ＝ 280
　　　（税効果適用後）期首残高 140 ＋ 当期純利益 140 ＝ 280

まず，損益計算書は，税効果会計を適用したことにより，税金費用が30増加し，当期純利益は30減少します。

その結果，法人税申告書別表四の1行目の当期利益が30減少し，その影響額を取り除くため，別表四で「法人税等調整額」などの項目で，所得金額を加算します。

別表四　所得の金額の計算に関する明細書（税効果適用前）

区　　分	総　額	処　分	
		留　保	社外流出
	①	②	③
当期利益又は当期欠損の額	170	170	
加算　損金の額に算入した納税充当金	30	30	
減算　たな卸資産評価損認容	100	100	
所得金額又は欠損金額	100	100	

別表四　所得の金額の計算に関する明細書（税効果適用後）

区　　分	総　額	処　分	
		留　保	社外流出
	①	②	③
当期利益又は当期欠損の額	140	140	
加算　損金の額に算入した納税充当金	30	30	
法人税等調整額	30	30	
減算　たな卸資産評価損認容	100	100	
所得金額又は欠損金額	100	100	

次に，貸借対照表は，X1年度に税効果適用により計上された繰延税金資産30が，X2年度には取り崩され，法人税等調整額30が計上されます。そのため，X1年度に増加した繰越利益剰余金30も取り崩されます。

その結果，法人税申告書別表五(一)の繰越損益金が30減少し，税効果会計適用による変動分が解消するため，その影響額を取り除くために計上していた別表五(一)の「繰延税金資産」も不要となります。

別表五(一) 利益積立金額の計算に関する明細書（税効果適用前）

区　　分	期首現在利益積立金額	当期の増減		差引翌期首現在利益積立金額
		減	増	
	①	②	③	④
…				
たな卸資産評価損認容	100	100	—	—
…				
繰越損益金	110	110	280	280
…				

別表五(一) 利益積立金額の計算に関する明細書（税効果適用後）

区　　分	期首現在利益積立金額	当期の増減		差引翌期首現在利益積立金額
		減	増	
	①	②	③	④
…				
たな卸資産評価損認容	100	100	—	—
繰延税金資産	△30	△30	—	—
…				
繰越損益金	140	140	280	280
…				

設例2　繰延税金負債の別表処理

- X1年度に会計上，固定資産300について圧縮積立金を積み立てて圧縮記帳した（差異の発生）。
- X2年度に減価償却費を100（300÷3年）計上している（差異の解消）。
- 会計上毎期，税引前当期純利益が500発生し，予定実効税率は30%とする。また，繰越利益剰余金の期首残高は0とする。

① X1年度：差異の発生期

一時差異の発生期であるX1年度の申告書の記載方法を確認します。

X1年度の税効果仕訳は，次のようになります。

(借)法人税等調整額　　90　　(貸)繰延税金負債　　90
※固定資産圧縮積立金 300×30% ＝90

X1年度の損益計算書と貸借対照表は，次のようになります。

損益計算書(一部抜粋)

（科　目）	税効果適用前	税効果適用後	
税引前当期純利益	500	500	
法人税，住民税及び事業税	60	60	(※1)
法人税等調整額	－	90	
当期純利益	440	350	

(※1)（税引前当期純利益500－固定資産圧縮積立金認定損300）×30%
　　＝60

貸借対照表（一部抜粋）

（科　目）	税効果適用前	税効果適用後	
（負債の部）			
繰延税金負債	－	90	
（純資産の部）			
固定資産圧縮積立金	300	210	
繰越利益剰余金	140	140	（※2）

（※2）（税効果適用前）当期純利益 440 － 圧縮積立金 300 ＝ 140
　　　（税効果適用後）当期純利益 350 － 圧縮積立金 210 ＝ 140

　まず，損益計算書は，税効果会計を適用したことにより，税金費用が 90 増加し，当期純利益は 90 減少します。

　その結果，法人税申告書別表四の1行目の当期利益が 90 減少し，その影響額を取り除くため，別表四で「法人税等調整額」などの項目で，所得金額を加算します。

別表四　所得の金額の計算に関する明細書（税効果適用前）

区　分	総　額	処　分	
		留　保	社外流出
	①	②	③
当期利益又は当期欠損の額	440	440	
加算　損金の額に算入した納税充当金	60	60	
減算　固定資産圧縮積立金認定損	300	300	
所得金額又は欠損金額	200	200	

別表四　所得の金額の計算に関する明細書（税効果適用後）

区　　分	総　額	処　分	
		留　保	社外流出
	①	②	③
当期利益又は当期欠損の額	350	350	
加算　損金の額に算入した納税充当金	60	60	
法人税等調整額	90	90	
減算　固定資産圧縮積立金認定損	300	300	
所得金額又は欠損金額	200	200	

　次に，貸借対照表は，税効果会計を適用したことにより，繰延税金負債が90計上されるため，固定資産圧縮積立金が90減少します。

　その結果，法人税申告書別表五(一)の固定資産圧縮積立金が90減少し，それを補うため，別表五(一)に「繰延税金負債」の項目で90計上します。この場合，固定資産圧縮積立金210と繰延税金負債90の合計が圧縮記帳額300となります。

別表五(一)　利益積立金額の計算に関する明細書（税効果適用前）

区　　分	期首現在利益積立金額	当期の増減 減	当期の増減 増	差引翌期首現在利益積立金額
	①	②	③	④
…				
固定資産圧縮積立金			300	300
固定資産圧縮積立金認定損			△300	△300
…				
繰越損益金	0	0	140	140
…				

別表五(一)　利益積立金額の計算に関する明細書（税効果適用後）

区　　分	期首現在利益積立金額	当期の増減 減	当期の増減 増	差引翌期首現在利益積立金額
	①	②	③	④
…				
固定資産圧縮積立金			210	210
繰延税金負債			90	90
固定資産圧縮積立金認定損			△300	△300
…				
繰越損益金	0	0	140	140
…				

② Ｘ２年度：差異の解消期

　一時差異の解消期であるＸ２年度の申告書の記載方法を確認します。

X2年度の税効果仕訳は，次のようになります。

(借)繰延税金負債　　30　　(貸)法人税等調整額　　30
※減価償却超過額 100×30％＝30

X2年度の損益計算書と貸借対照表は，次のようになります。

損益計算書（一部抜粋）

（科　目）	税効果適用前	税効果適用後	
税引前当期純利益	500	500	
法人税，住民税及び事業税	180	180	（※1）
法人税等調整額	－	△30	
当期純利益	320	350	

（※1）（税引前当期純利益 500＋減価償却超過額 100）×30％＝180

貸借対照表（一部抜粋）

（科　目）	税効果適用前	税効果適用後	
(負債の部)			
繰延税金負債	－	60	
(純資産の部)			
固定資産圧縮積立金	200	140	
繰越利益剰余金	560	560	（※2）

（※2）（税効果適用前）期首残高 140＋当期純利益 320＋圧縮積立金取崩 100
　　　　＝560
　　　（税効果適用後）期首残高 140＋当期純利益 350＋圧縮積立金取崩 70
　　　　＝560

まず，損益計算書は，税効果会計を適用したことにより，税金費用が30減少し，当期純利益は30増加します。

その結果，法人税申告書別表四の1行目の当期利益が30増加し，その影響額を取り除くため，別表四で「法人税等調整額」などの項目で，所得金額を減算します。

別表四　所得の金額の計算に関する明細書（税効果適用前）

区　分		総　額	処　分	
			留　保	社外流出
		①	②	③
当期利益又は当期欠損の額		320	320	
加算	損金の額に算入した納税充当金	180	180	
	減価償却超過額	100	100	
減算				
所得金額又は欠損金額		600	600	

別表四　所得の金額の計算に関する明細書（税効果適用後）

区　分		総　額	処　分	
			留　保	社外流出
		①	②	③
当期利益又は当期欠損の額		350	350	
加算	損金の額に算入した納税充当金	180	180	
	減価償却超過額	100	100	
減算	**法人税等調整額**	30	30	
所得金額又は欠損金額		600	600	

次に、貸借対照表は、X1年度に税効果会計適用により計上された繰延税金負担90のうち30がX2年度に取り崩され、法人税等調整額△30が計上されます。

また、固定資産圧縮積立金も減価償却に合わせて3分の1が取り崩されます。

その結果、法人税申告書別表五(一)の「繰延税金負債」が30減少し、固定資産圧縮積立金も70減少します。

別表五(一) 利益積立金額の計算に関する明細書（税効果適用前）

区　分	期首現在利益積立金額 ①	当期の増減 減 ②	当期の増減 増 ③	差引翌期首現在利益積立金額 ④
…				
固定資産圧縮積立金	300	100	0	200
固定資産圧縮積立金認定損	△300	△100	0	△200
…				
繰越損益金	140	140	560	560
…				

別表五(一) 利益積立金額の計算に関する明細書（税効果適用後）

区　分	期首現在利益積立金額 ①	当期の増減 減 ②	当期の増減 増 ③	差引翌期首現在利益積立金額 ④
…				
固定資産圧縮積立金	210	70	0	140
繰延税金負債	90	30	0	60
固定資産圧縮積立金認定損	△300	△100	0	△200
…				
繰越損益金	140	140	560	560
…				

税制改正における税効果

第9章

1 平成28年度税制改正の税効果会計への影響

平成28年3月29日に国会で可決・成立した平成28年度税制改正に関する「所得税法等の一部を改正する法律案」及び,平成28年11月18日に成立した改正法により,現在予測される将来の税率等は,以下のとおりです。

① 予定実効税率の引下げ

予定実効税率が引き下げられた場合には,従来の税率で計上していた繰延税金資産が減額修正されるため,取り崩されることになります。

(資本金1億円以下の3月決算法人の場合)

		H30/3期	H31/3期	H33/3期以降
法定実効税率 (注1)	(資本金1億円以下の法人)…中小法人	33.80%	33.59%	(〃)
	(資本金1億円超の法人)…外形標準課税の法人	29.97%	29.74%	(〃)
法人税	[原則]	23.4%	23.2%	(〃)
地方法人税 (注2)	〈国税〉	4.4%	(〃)	10.3%
住民税 (注2)	法人税割　都道府県民税	3.2%	(〃)	1.0%
	市町村民税	9.7%	(〃)	6.0%
事業税所得割 (注2)	所得800万円超　　　(a)	6.7%	(〃)	9.6%
地方法人特別税(注2)	〈国税〉　　　　　　(b)	43.2%	(〃)	(廃止)
[事業税合計] (a)+(a)×(b)		9.6%	(〃)	(〃)

(注1) 外形標準課税が適用される大法人(資本金1億円超)の場合は下段となります。
(注2) 平成28年11月18日に成立した改正法で,消費税率引上げ時期が平成31年10月1日に延期されました。これに伴い地方法人税の引上げと住民税の引下げ,地方法人特別税の廃止と事業税の復元が,平成31年10月1日以後開始事業年度からに延期されました。

＊法定実効税率の計算

(地方法人特別税がある場合)

$$\frac{\text{法人税率} \times (1 + \boxed{\text{地方法人税率}}) + \text{法人税率} \times \text{住民税率} + (\text{事業税率}(※1) + \boxed{\text{事業税率}(※2) \times \text{地方法人特別税率}})}{1 + (\text{事業税率}(※1) + \boxed{\text{事業税率}(※2) \times \text{地方法人特別税率}})}$$

［平成31年3月期の法定実効税率］(標準税率)

$$= \frac{[23.2\% \times (1 + 4.4\%) + 23.2\% \times (3.2\% + 9.7\%) + (6.7\% + 6.7\% \times 43.2\%)]}{1 + (6.7\% + 6.7\% \times 43.2\%)}$$

$= \mathbf{33.59\%}\ (33.585\cdots\%)$

(地方法人特別税がない場合)

$$\frac{\text{法人税率} \times (1 + \boxed{\text{地方法人税率}}) + \text{法人税率} \times \text{住民税率} + \text{事業税率}(※1)}{1 + \text{事業税率}(※1)}$$

［平成33年3月期以降の法定実効税率］(標準税率)

$$= \frac{[23.2\% \times (1 + 10.3\%) + 23.2\% \times (1.0\% + 6.0\%) + 9.60\%]}{1 + 9.60\%}$$

$= \mathbf{33.59\%}\ (33.589\cdots\%)$

(※1) 所得割の税率
(※2) 所得割の税率(標準税率)

② **欠損金の繰越控除**（大法人のみ）

大法人の繰越欠損金の控除限度が，平成29年3月期に「所得の60％」，平成30年3月期に「所得の55％」，平成31年3月期に「所得の50％」に引き下げられました。

そのため，繰越欠損金に係る繰延税金資産を計上している場合には，将来の繰越控除額が減額されると繰延税金資産の金額も減額修正されるため，その影響を考慮する必要があります。

また，繰越期間は，平成31年3月期から10年に延長されました。

・（平成28年度）税制改正の影響（3月決算法人の場合）

		H29／3期	H30／3期	H31／3期以降
控除限度	大法人	60％	55％	50％
	中小法人等	100％	100％	100％
繰越控除期間		9年	9年	10年

③ **法人事業税の「外形標準課税」**（大法人のみ）

外形標準課税は，資本金等及び付加価値という外観から客観的に判断できる基準を課税ベースとして税額を算定する課税方式です。平成16年4月1日から，資本金1億円超（期末日）の法人を対象に外形標準課税が導入・施行されました。外形標準課税の概要は以下のとおりです。

1 平成28年度税制改正の税効果会計への影響 139

（従来）		（平成27年3月期までは…）		
		付加価値割 0.48%	1/4	2/3
所　得　割 9.6%		資　本　割 0.2%		1/3
		所　得　割 7.2%	3/4	

※付加価値割…報酬給与額＋純支払利子＋純支払賃借料＋単年度損益
※資　本　割…資本金＋資本積立金額

（付加価値割・資本割）

　　（借）租税公課（販管費）　　　＊＊＊　（貸）未払法人税等　　＊＊＊

（所得割）

　　（借）法人税，住民税及び事業税　＊＊＊　（貸）未払法人税等　　＊＊＊

・（平成28年度）税制改正の影響（3月決算法人の場合）

		従　来 (H27／3期)	H30／3期	H33／3期 以降	
（付加価値割＋資本割）の割合		1／4	5／8	5／8	
事業税	付加価値割	0.48%	1.2%	(〃)	税効果への影響なし
	資本割	0.2%	0.5%	(〃)	
	所得割 （a） 所得800万円超	2.9%	0.7%	3.6%	税効果への影響あり
地方法人特別税	〈国税〉(b)	148%	414.2%	(廃止)	
(a)と(b)の合計	(a)＋(a)×(b)	7.2%	3.6%	(〃)	

2　法人税率等の改正への対応

　繰延税金資産及び繰延税金負債の額は，決算日において国会で成立している税法に規定されている方法に基づいて，将来の会計期間における税金の減額又は増額の見積額を計算します。

　したがって，決算日までに法人税率等が改正された場合には，繰延税金資産又は繰延税金負債の金額は，資産負債法の考え方により，回収又は支払いが行われると見込まれる期の税率等に基づいて計算されます。

　税法の改正に伴い税率が変更されたこと等によって，繰延税金資産及び繰延税金負債の額が修正された場合には，一定の場合を除いて税率が変更された年度において，その修正差額は法人税等調整額を相手勘定として計上します。税法の改正に伴い税率以外の納付税額の計算方法が変更されたことにより，繰延税金資産及び繰延税金負債の額が修正された場合も，同様に会計処理を行います。

設例

　たな卸資産評価損（将来減算一時差異）がＸ１年度末に1,000千円だったとします。

　Ｘ１年度中に税法が改正され，Ｘ２年度以降の法定実効税率が40％から30％に改正された場合の会計処理を考えてみましょう。なお，繰延税金資産の回収可能性はあるものとします。

(単位：千円)

	X1年(当期)	X2年	X3年
実効税率（改正前）	40%	40%	40%
実効税率（改正後）	40%	30%	30%
一時差異発生額	1,000	−	−
一時差異解消額	−	−	△1,000
一時差異累計額	1,000	1,000	−

（改正前）X1年度末の繰延税金資産 400

　※将来減算一時差異 1,000×（X3年）の法定実効税率 40%＝400

（改正後）X1年度末の繰延税金資産 300

　※将来減算一時差異 1,000×（X3年）の法定実効税率 30%＝300

（会計処理）

　　（借）法人税等調整額　　　100　　（貸）繰延税金資産　　　100

　※X1年度末（改正後）の繰延税金資産 300−X1年度末（改正前）の繰延税金資産 400＝△100

3 繰延税金資産及び繰延税金負債の計算に用いる税率

　繰延税金資産及び繰延税金負債の額は，決算日において国会で成立している税法に規定されている方法に基づいて計算しますので，法人税及び地方法人税については，決算日において国会で成立している法人税法等に規定されている税率によることになります。

　一方，地方税（住民税（法人税割）及び事業税（所得割））の繰延税金資産及び繰延税金負債の計算に用いる税率は，決算日において国会で成立している地方税法等に基づく税率によります。

　ところが，地方税（住民税（法人税割）及び事業税（所得割））には，地方税法等で決定される「標準税率」によって計算されるものと，国会で成立する地方税法等を受けて各地方公共団体で成立する条例で決定される「超過課税による税率」によって計算されるものとがあります。

　たとえば，3月決算会社の場合で，3月中に国会で改正地方税法等が成立しましたが，地方公共団体での改正条例は3月中には成立していない場合，地方税（住民税（法人税割）及び事業税（所得割））の税率は，次のように計算します。

① 改正直前の条例に「標準税率」で規定されているとき
　　…改正地方税法等に規定されている標準税率
② 改正直前の条例に「超過課税による税率」で規定されているとき
　　…改正地方税法等に規定されている標準税率に，改正直前の「超過課税による税率」が改正直前の「標準税率」を超える差分を考慮した税率（注）

(注)「超過課税による税率」の差分は、次のいずれかの方法により計算します。ただし、制限税率を上限とします。

　イ　標準課税に加算する方法

　　改正地方税法等の標準税率＋（改正前条例の超過課税による税率－改正前の標準税率）

　ロ　標準課税に割合を乗ずる方法

　　改正地方税法等の標準税率×（改正前条例の超過課税による税率／改正前の標準税率）

グループ法人税制・連結納税制度の税効果

第10章

1 グループ法人税制における税効果

　平成22年度の税制改正において,「グループ法人税制」が創設されました。

　グループ法人税制とは,完全支配関係（原則として,発行済株式の全部を直接又は間接に保有する関係をいいます。）にあるグループ内の法人に対して,あたかも一つの法人であるかのように捉えて課税する仕組みをいいます。グループ法人税制は,完全支配関係にあるグループ内の法人すべてに強制適用される制度で,具体的には,次のような規定が設置されました。

　① 100％グループ内の法人間の「資産の譲渡損益の繰延べ」
　② 100％グループ内の法人間の「寄附金」
　③ 100％グループ内の法人からの「受取配当等の益金不算入（負債利子控除）」
　④ 100％グループ内の法人の「株式の発行法人への譲渡に係る損益」
　⑤ 100％グループ内の法人の「未処理欠損金の引継ぎ」
　⑥ 100％グループ内の法人間の「現物分配」
　⑦ 大法人の100％子会社の「中小企業向け特例措置」の適用の見直し

　税効果会計においては,これらの制度改正のうち,主に①100％グループ内の法人間の「資産の譲渡損益の繰延べ」及び②100％グループ内の法人間の「寄附金」の場合に一時差異が発生し,税効果会計による調整が必要となります。

(1) 100％グループ内の法人間の「資産の譲渡損益の繰延べ」

100％グループ内で，内国法人が，他の内国法人に「譲渡損益調整資産」（注1）を譲渡した場合において生ずる譲渡損益については，連結納税の場合と同様に，課税を繰り延べることとされました。

そのため，会計上で計上される資産の売却損益と税務上で計上される譲渡損益は，計上時期が異なり一時差異が発生します。

なお，この税務上で繰り延べた譲渡損益は，譲受法人において譲渡損益調整資産の譲渡等の一定の事由（注2）が生じた場合に，譲渡法人においてその計上を行い一時差異が解消することになります。

(注1)「譲渡損益調整資産」とは，固定資産，土地，有価証券，金銭債権及び繰延資産で次に掲げるもの以外のものをいいます。
　① 売買目的有価証券
　② 譲受法人において売買目的有価証券とされる有価証券
　③ その譲渡の直前の帳簿価額が1,000万円に満たない資産

(注2) 繰り延べた譲渡損益を計上する場合とは次の場合をいいます。
　① 譲受法人における一定の事由の発生（譲受法人において譲渡損益調整資産の譲渡，償却，評価換え，貸倒れ，除却などの事由が生じた場合）
　② 完全支配関係を有しないこととなった場合
　③ 連結納税の開始・連結納税への加入

設例

P社はS1社，S2社の株式を100％所有しています。

X1年4月1日にS1社は，S2社に土地Aを100で売却しました〔100％グループ内での譲渡①〕。このときの土地Aの帳簿価額は80とします。

X3年3月31日にS2社は，外部に土地Aを130で売却しました

［他社への譲渡②］。なお，予定実効税率は，30％とします。

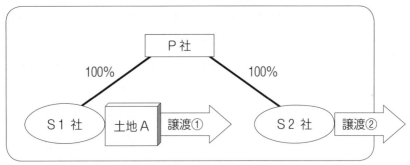

[譲渡①]

＊会計上の仕訳

（S1社）	（S2社）
（借）現金預金　100 　　　（貸）土地A　　　80 　　　　　土地売却益　20	（借）土地A　100 　　　（貸）現金預金　100

＊税務上の処理

S1社で計上された土地売却益は，譲渡益繰延額として，益金不算入となり，S2社において土地Aの譲渡等の一定の事由が生じる時まで，課税が繰り延べられます。

＊税効果仕訳

S1社において，会計上で計上される土地売却益と，税務上で計上される譲渡益の計上時期が異なるため，一時差異が発生します。将来，S2社において土地Aの譲渡等の一定の事由が生じた場合に，税務上で譲渡益（益金）が計上されるため，将来加算一時差異に該当します。

（S1社）	（S2社）
（借）法人税等調整額　6 　　（貸）繰延税金負債　6（注）	－

（注）土地売却益20×予定実効税率30％＝6

[譲渡②]

＊会計上の仕訳

（S1社）	（S2社）
－	（借）現金預金　130 　　（貸）土地A　　　　100 　　　　土地売却益　　30

＊税務上の処理

　S1社において，会計上の処理は必要ありませんが，税務上は［譲渡①］の譲渡益繰延額が，S2社の土地Aの譲渡により益金の額に算入されます。

＊税効果仕訳

　S1社において，税務上は［譲渡①］の譲渡益繰延額が，益金の額に算入されるため，一時差異が解消します。

（S1社）	（S2社）
（借）繰延税金負債　6 　　（貸）法人税等調整額　6	－

（2） 100％グループ内の法人間の「寄附金」

100％グループ内で，内国法人が，他の内国法人に対して支出した寄附金の額がある場合には，その全額を損金不算入とするとともに，他の内国法人が受けた受贈益の額についてその全額を益金不算入とすることになります。

設例

P社はS1社，S2社の株式を100％所有しています。

X1年4月1日にS1社は，S2社に土地Bを無償譲渡（寄附）しました［100％グループ内での寄附］。このときの土地Bの帳簿価額は80（時価も80）とします。

なお，予定実効税率は，30％とします。

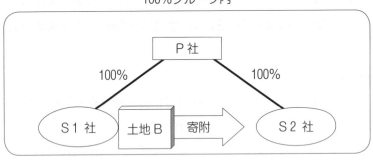

＊会計上の仕訳

(S1社)	(S2社)
(借)寄附金　80　　　　　　　　　　　　(貸)土地Ｂ　80（注）	(借)土地Ｂ　80　　　　　　　　　　　　(貸)受贈益　80

（注）資産が無償譲渡された場合には，その資産の時価で寄附が行われたものとして処理します。

＊税務上の処理

　S1社で支出した寄附金は，その全額が損金不算入とされ，S2社で受けた受贈益は，その全額が益金不算入とされます。

　また，親法人が保有する100％子法人の株式等について，次の①又は②の事由（寄附修正事由）が生ずる場合には，下記の計算式により算定した金額を利益積立金額及びその寄附修正事由が生じる直前の100％子法人の株式等の帳簿価額に加減算します。

　したがって，親法人において，S1社の株式の帳簿価額は80減少し，S2社の株式の帳簿価額は80増加します。

① 子法人が他の内国法人から100％グループ内で受贈益の額を受けたこと

② 子法人が他の内国法人に対して100％グループ内で寄附金の額を支出したこと

［計算式］

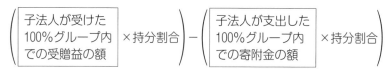

＊税効果仕訳

　S1社で支出した寄附金及びS2社で受けた受贈益は，いずれも永久差異となるため，税効果会計上は，調整の必要はありません。

　ただし，親法人が100％保有する子法人株式等の帳簿価額修正は，税務上のみで行われるため，一時差異が発生します。将来，親法人において，S1社の株式を売却する場合，税務上の子法人株式の帳簿価額が80少なく計上されているため，売却益は80多く計上されます（加

算されます。)。S2社の株式を売却する場合，税務上の子法人株式の帳簿価額は80多く計上されているため，売却益は80少なく計上されます（減算されます。)。

したがって，S1社の株式の帳簿価額調整額は，将来加算一時差異に該当し，S2社の株式の帳簿価額調整額は，将来減算一時差異に該当します。

親法人のS1社株式	親法人のS2社株式
(借)法人税等調整額　24 　(貸)繰延税金負債　24(※1)	(借)繰延税金資産　24 　(貸)法人税等調整額　24(※2)

（※1）S1社株式の帳簿価額調整額△80×法定実効税率30％＝△24
（※2）S2社株式の帳簿価額調整額80×法定実効税率30％＝24

2　連結納税制度における税効果

　連結納税制度とは，一つの経済実態と考えられる企業グループを課税上も一つの課税単位とみなして納税する制度です。アメリカ，フランス，ドイツ，イギリスをはじめとして世界各国で導入されており，日本でも平成15年3月期より導入されています。対象となる会社は，親会社と国内の100％子会社及び孫会社等で，これら企業グループの課税所得を通算して申告納税することとなります。赤字法人と黒字法人がある場合には，グループ全体の税負担が軽くなります。

【連結納税制度のメリットとデメリット】
＊メリット

項　目	内　容
連結法人所得の通算	黒字法人と赤字法人がある場合に，所得通算によって全体所得が減少する
親法人の繰越欠損金の早期利用	親法人の繰越欠損金は，グループ全体の所得と通算でき，早期に利用できる
試験研究費税額控除・外国税額控除のグループ全体での活用	試験研究費税額控除・外国税額控除は，グループ全体で控除限度額を計算できるため，使いきれなかった法人の控除額を利用できる

*デメリット

項　目	内　容
子法人欠損金の切捨て	原則として，連結納税前の子法人欠損金は，連結欠損金としない
評価損益の事前計上	原則として，子法人は連結納税加入時に，時価評価資産の評価損益を計上
事業年度の統一	親法人の事業年度が，連結事業年度となる
中小法人の特例の不適用	親法人の資本金が1億円超の場合には，子法人も交際費等の損金算入枠などの中小法人の特例が適用できない

このように連結納税制度は，連結納税グループ各社の所得を通算して納税する制度であるため，将来の見込みもグループ全体のスケジューリングを考慮する必要があります。そのため，連結納税グループ各社の個別財務諸表における税効果会計及び連結納税グループの連結財務諸表における税効果会計は，法人税の回収可能性について各社のスケジューリングだけではなく，連結納税グループ全体のスケジューリングを考慮して判断しなければなりません。

また，連結納税制度は，法人税についてのみ認められた制度であり，繰越欠損金がある場合には，法人税，住民税，事業税の取扱いが異なるため，税効果会計を適用する場合にも，それぞれ区分して計算します。

3 連結納税制度における個別財務諸表の税効果

連結納税制度を適用している場合の各社の個別財務諸表の税効果は，(1) 繰延税金資産及び繰延税金負債の計算，(2) 繰延税金資産の回収可能性の判断，の順で行われます。

(1) 繰延税金資産及び繰延税金負債の計算
① 財務諸表上の一時差異

財務諸表上の一時差異は，連結納税制度を適用した場合でも，法人税（地方法人税を含みます。以下同じ。），住民税及び事業税について基本的に共通であるため，法人税，住民税及び事業税ごとに区分して計算する必要はありません。

したがって，財務諸表上の一時差異に係る繰延税金資産及び繰延税金負債の金額は，単体納税と同様に，一括して法定実効税率を乗じて計算します。

② 繰越欠損金

税務上の繰越欠損金は，法人税，住民税及び事業税ごとに取扱いが異なるため，繰越欠損金に係る繰延税金資産の金額は，法人税，住民税及び事業税ごとに計算します。このときに適用する税率は次のとおりです。

【税金の種類ごとの繰越欠損金と適用税率】

(1) 法人税

・連結欠損金個別帰属額（注1）（注2）

　　| 法人税率／(1＋事業税率) |

(2) 住民税

・連結欠損金個別帰属額

　　| 法人税率×住民税率／(1＋事業税率) |

・控除対象個別帰属調整額（注3），控除対象個別帰属税額（注4）

　　| 住民税率／(1＋事業税率) |

(3) 事業税

・欠損金額又は個別欠損金額（注5）

　　| 事業税率／(1＋事業税率) |

(注1) 連結欠損金とは，各連結事業年度の連結所得の計算上，損金の額が益金の額を超える場合におけるその欠損の金額をいいます。
(注2) 連結欠損金個別帰属額とは，連結欠損金額のうち各連結会社に帰属する金額をいいます。
(注3) 控除対象個別帰属調整額とは，連結納税適用時に切り捨てられた連結納税適用前の個別繰越欠損金に，法人税率を乗じた金額をいいます。
(注4) 控除対象個別帰属税額とは，連結納税適用後の繰越欠損金に，法人税率を乗じた金額で，法人税の受取額をいいます。
(注5) 個別欠損金額とは，個別帰属損金額が個別帰属益金額を超える場合におけるその欠損の金額をいいます。

③ 特定連結欠損金

連結欠損金は，特定連結欠損金とそれ以外の欠損金に区別されます。

特定連結欠損金とは，子会社が連結納税制度適用前に有していた税務上の繰越欠損金のうち，一定の要件を満たす場合に，連結納税制度の適用後も引き継ぐことが可能なものをいいます。

繰越連結欠損金は，繰り越された連結欠損金額が2以上の事業年度で生じている場合には，そのうち最も古い事業年度において生じた連結欠損金額から順次損金算入が行われます。同一事業年度に，特定連結欠損金と特定連結欠損金以外の欠損金が生じている場合には，特定連結欠損金から順次損金算入が行われます。

（2） 繰延税金資産の回収可能性の判断

個別財務諸表における繰延税金資産の回収可能性の判断は，将来のスケジューリングにより行われます。連結納税制度を適用している場合にも，同様に将来のスケジューリングにより行われますが，次のような特徴があります。①法人税，住民税又は事業税の別に区分して行います。②法人税に係る繰延税金資産の回収可能性の判断は，個別の所得見積額だけでなく，他の連結納税会社の所得見積額も考慮する必要があります。③法人税の連結欠損金個別帰属額に係る繰延税金資産の回収可能性の判断について，連結欠損金に特定連結欠損金が含まれている場合は，連結所得見積額及び各連結納税会社の個別所得見積額の両方を考慮する必要があります。

法人税，住民税又は事業税の別に回収可能性を判断する手順を見てみましょう。

① **法人税（地方法人税を含む）**

イ　将来減算一時差異

[a-1]　将来減算一時差異の解消見込額を各年度の個別所得見積額と相殺します。

[a-2]　[a-1]の相殺後の残高は，各年度の連結法人税の受取個別帰属額（以下「受取個別帰属法人税額」といいます。）の見積額を課税所得に換算した金額（その年度の個別所得見積額がマイナスの場合には，マイナスの個別所得見積額に充当後の残額）と相殺します。相殺後の残高は，連結欠損金個別帰属額と同様に取り扱います。

ロ　連結欠損金個別帰属額

[a-3]　連結欠損金個別帰属額は，連結欠損金の繰越控除額のうち連結欠損金個別帰属額の繰越控除見積額（注）と相殺します。相殺後の残高は，回収可能性がないと判断され，繰延税金資産から控除します。

（注）「連結欠損金個別帰属額の繰越控除見積額」とは将来事業年度において損金の額に算入される連結欠損金のうちその連結納税会社に帰せられることとなる金額をいいます。

【回収可能性の判断フローチャート（法人税）】

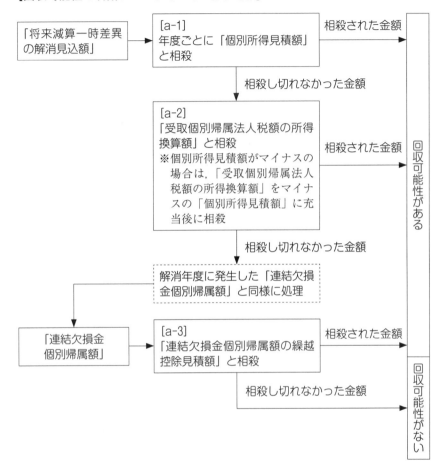

② **住民税**

イ　将来減算一時差異

　[b-1]　将来減算一時差異の解消見込額を各年度の個別所得見積額と相殺します。

　[b-2]　[b-1]の相殺後の残高は，以下のように取り扱われます。

・受取個別帰属法人税額が見込まれる場合，その見積額を課税所得に換算した金額（その年度の個別所得見積額がマイナスの場合には，マイナスの個別所得見積額に充当後の残額）に法人税率を乗じた金額は，「控除対象個別帰属税額」と同様に取り扱います。

　　　　・［b-1］の相殺後の残高のうち，上記の受取個別帰属法人税額の見積額を課税所得に換算した金額以外は，「連結欠損金個別帰属額」と同様に取り扱います。

ロ　連結欠損金個別帰属額

　［b-3］　連結欠損金個別帰属額のうち，期限切れ部分については，回収可能性がないと判断され，控除します。

　［b-4］　［b-3］の連結欠損金個別帰属額の繰越控除額の見積額のうち，個別所得見積額（プラスである場合に限ります。）に達するまでは，回収可能性があると判断されます。回収可能性があると判断された部分以外は，その繰越控除された事業年度に発生した「控除対象個別帰属税額」と同様に取り扱います。

ハ　控除対象個別帰属調整額及び控除対象個別帰属税額

　［b-5］　控除対象個別帰属調整額及び控除対象個別帰属税額を，繰越期間内にその会社が支払うと見込まれる個別帰属法人税額と相殺します。相殺後の残高は，回収可能性がないと判断され，繰延税金資産から控除します。

3 連結納税制度における個別財務諸表の税効果 *161*

【回収可能性の判断フローチャート（住民税）】

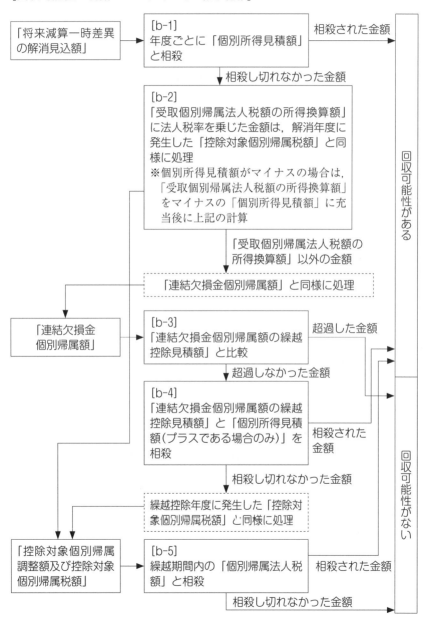

③ 事業税

事業税に関する回収可能性の判断は，各会社の個別所得見積額を基礎として，従来と同様の手順により行います。

【回収可能性の判断フローチャート（事業税）】

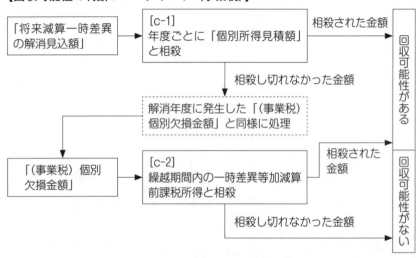

また，将来減算一時差異に係る繰延税金資産の回収可能性を判断する場合，連結納税制度を適用する場合にも，「繰延税金資産の回収可能性に関する適用指針」（企業会計基準適用指針第26号）の会社の実態に応じた企業分類（第4章参照）を利用することができます。

具体的には，連結納税グループ全体の企業分類が，連結納税会社の企業分類と同じか上位にあるときは，連結納税グループ全体の企業分類に応じた判断を行い，連結納税会社の企業分類が，連結納税グループ全体の企業分類の上位にあるときは，まず自己の個別取得見積額に基づいて判断することになるため，その連結納税会社の企業分類に応じた判断を行う必要があります。

設例1　所得が十分にある場合

P社はS1社，S2社の株式を100％所有しており，三社は同じ連結納税グループとします。

X1年末の将来減算一時差異，X2年以降の各社の所得見積額は，次のとおりで，三社とも繰延税金資産の回収可能性は十分あるとします。三社ともにX1年末の将来減算一時差異はX2年に解消するとし，X1年末に繰越欠損金はなかったとします。

項目	P社	S1社	S2社	合計
X1年末の将来減算一時差異	1,000	500	300	1,800
X2年の個別所得見積額	1,000	1,000	1,000	3,000
X3年の個別所得見積額	0	0	0	0
X4年の個別所得見積額	0	0	0	0

なお，法定実効税率は35％（法人税率：25％，地方法人税率5％，住民税率：12％，事業税率9％）とします。

・法定実効税率：(法人税率×(1＋地方法人税率)＋法人税率×住民税率＋事業税率)/(1＋事業税率)＝35％

〈回収可能性の判断の手順〉

年度	項目	P社	S1社	S2社	合計
X1年末	①将来減算一時差異	1,000	500	300	1,800
X2年	②個別所得見積額	1,000	1,000	1,000	3,000
X2年	③将来減算一時差異の解消見込額	1,000	500	300	1,800
X2年	④[a-1]個別所得見積額と相殺	△1,000	△500	△300	△1,800
X2年	⑤回収可能見込額（④）	1,000	500	300	1,800
X2年	⑥繰延税金資産（⑤×35％）	350	175	105	630

三社ともに繰越欠損金が発生していないため，繰延税金資産の計算は，税金の種類ごとには行わず，法定実効税率を利用して一括して行います。

下記の税効果仕訳に示されている（　）の番号は，上記の「項目」番号を意味します（以下の設例においても同じです。）。

(1) P社の税効果仕訳

X2年の個別所得見積額（②）1,000＝X1年末の将来減算一時差異（③）1,000であるため，

繰延税金資産：将来減算一時差異（③）1,000×法定実効税率35％＝350

[仕訳]

　（借）繰延税金資産　　350　　　（貸）法人税等調整額　　350

(2) S1社の税効果仕訳

X2年の個別所得見積額（②）1,000＞X1年末の将来減算一時差異（③）500であるため，

繰延税金資産：将来減算一時差異（③）500×法定実効税率35％＝175

[仕訳]

　（借）繰延税金資産　　175　　　（貸）法人税等調整額　　175

(3) S2社の税効果仕訳

X2年の個別所得見積額（②）1,000＞X1年末の将来減算一時差異（③）300であるため，

繰延税金資産：将来減算一時差異（③）300×法定実効税率35％＝105

[仕訳]

　（借）繰延税金資産　　105　　　（貸）法人税等調整額　　105

設例2　連結欠損金が発生する場合

　P社はS1社，S2社の株式を100％所有しており，三社は同じ連結納税グループとします。

　X1年末の連結欠損金個別帰属額，X2年以降の各社の所得見積額は，次のとおりとします。三社の連結欠損金個別帰属額は，いずれも特定連結欠損金ではなかったとします。

項目	P社	S1社	S2社	合計
X1年末の連結欠損金個別帰属額	△1,000	△500	△500	△2,000
X2年の所得見積額	1,000	1,000	△1,000	1,000
X3年の所得見積額	0	0	0	0
X4年の所得見積額	0	0	0	0

　なお，法定実効税率は35％（法人税率：25％，地方法人税率5％，住民税率：12％，事業税率9％）とします。

・法定実効税率：（法人税率×（1＋地方法人税率）＋法人税率×住民税率＋事業税率）/（1＋事業税率）＝35％
・法人税実効税率：法人税率×（1＋地方法人税率）/（1＋事業税率）＝24％
・住民税実効税率：法人税率×住民税率/（1＋事業税率）＝3％
　　　　　　　　：住民税率/（1＋事業税率）＝11％
・事業税実効税率：事業税率/（1＋事業税率）＝8％

〈回収可能性の判断の手順〉

年度	項目	P社	S1社	S2社	合計
X1年末	①連結欠損金個別帰属額	△1,000	△500	△500	△2,000
X2年	②個別所得見積額	1,000	1,000	△1,000	1,000
X2年	③連結欠損金個別帰属額の繰越控除見積額(注)	500	250	250	1,000
X2年	④[a-3] 連結欠損金個別帰属額の繰越控除見積額と相殺	△500	△250	△250	△1,000
X2年	⑤回収可能見込額(④)	500	250	250	1,000
X2年	⑥繰延税金資産(⑤×35%)	175	88	88	350

(注) X2年の個別所得見積額の合計が1,000であるため，P社の連結欠損金個別帰属額の繰越控除額の見積額は500(＝1,000×1,000/2,000)となり，同額が回収可能見込額となります。同様に，S1社は250(＝1,000×500/2,000)，S2社は250(＝1,000×500/2,000)となります。

(1) P社の税効果仕訳

X2年の連結欠損金個別帰属額の繰越控除見積額(③)500＜X1年末の連結欠損金個別帰属額(①)1,000であるため，

　　繰延税金資産：連結欠損金個別帰属額の繰越控除見積額(③)500
　　　　　　　　　×法定実効税率35%＝175

[仕訳]
　　(借)繰延税金資産　　175　　(貸)法人税等調整額　　175

(2) S1社の税効果仕訳

X2年の連結欠損金個別帰属額の繰越控除見積額（③）250＜X1年末の連結欠損金個別帰属額（①）500であるため,

　繰延税金資産：連結欠損金個別帰属額の繰越控除見積額（③）250
　　　　　　　　　×法定実効税率35％＝88

［仕訳］

　　(借)繰延税金資産　88　　　　(貸)法人税等調整額　88

(3) S2社の税効果仕訳

X2年の連結欠損金個別帰属額の繰越控除見積額（③）250＜X1年末の連結欠損金個別帰属額（①）500であるため,

　繰延税金資産：連結欠損金個別帰属額の繰越控除見積額（③）250
　　　　　　　　　×法定実効税率35％＝88

［仕訳］

　　(借)繰延税金資産　88　　　　(貸)法人税等調整額　88

4 連結納税制度における連結財務諸表の税効果

　連結納税制度を適用している場合の連結財務諸表の税効果も，基本的には連結財務諸表を構成する親会社，連結子会社，持分法適用会社のそれぞれの会社ごとに（1）繰延税金資産及び繰延税金負債の計算，（2）繰延税金資産の回収可能性の判断，の順で行います。

　ただし，そのうち連結納税グループを構成する親会社及び連結子会社については，あたかも一つの会社として取り扱う必要があります。

　そのため，連結納税グループ内で生じた（1）未実現損益の消去額，（2）貸倒引当金の調整額，（3）子会社の資産の時価評価損益については，通常とは異なる取扱いになります。

　また，（4）連結納税制度の適用を開始する場合，（5）加入・離脱の場合は，それが決定した時点で連結納税制度における税効果会計を適用する必要があります。

（1） 未現実損益の消去額

① 連結納税グループ全体における税効果

　連結納税グループ会社間の取引で発生した資産売却益のうち課税が繰り延べられることとなる損益は，連結財務諸表においても消去されるため個別上と連結上で差異はなく，一時差異とはならず，税効果会計の対象となりません。

② 連結納税会社の個別財務諸表における税効果

　連結納税グループ会社間の取引で発生した資産売却益のうち課税が

繰り延べられることとなる損益は，譲渡した連結納税会社において個別上と税務上で差異が生じるため，一時差異に該当し，税効果会計の対象となります。

(注) グループ法人税制において，完全支配関係にある国内会社間の資産の譲渡取引により生じる譲渡損益の繰延制度が導入されたため，連結納税を行わない場合でも，一定の要件を満たすものは，上記①及び②の取扱いと同様になります。

(2) 貸倒引当金の調整額
① 連結納税グループ全体における税効果

連結納税グループ会社間で計上された貸倒引当金は，連結財務諸表上，債権債務の相殺消去に伴い減額修正されます。

また，連結納税制度においてもその貸倒引当金は損金にならないため個別上と連結上で差異はなく，一時差異とはならず，税効果会計の対象となりません。

② 連結納税会社の個別財務諸表における税効果

連結納税グループ会社間で計上された貸倒引当金は，連結納税制度において損金にならず，連結納税会社において個別上と財務上で差異が生じるため，一時差異に該当し，税効果会計の対象となります。

(3) 子会社の資産の時価評価損益
① 連結納税グループ全体における税効果

連結納税グループにおいて，会計上の資本連結手続による評価差額（資本連結手続上，子会社の資産及び負債を，株式の取得日又は支配獲得日の時価で評価することにより生じる評価差額）と連結納税制度における時価評価資産の時価評価損益（時価評価資産を有する連結納税

子会社が，連結納税加入直前事業年度において益金の額又は損金の額に算入した時価評価損益）に差額が生じる場合は，その差額は連結納税グループにおける一時差異に該当し，税効果会計の対象となります。

② **連結納税会社の個別財務諸表における税効果**

連結納税子会社の個別財務諸表においては，税務上で行われる時価評価資産の評価損益の計上は認められません。

したがって，連結納税制度の適用を開始する場合又は連結納税へ新規加入する場合における連結納税子会社の時価評価資産の時価評価損益は，個別上と税務上で差異が生じるため，一時差異に該当し，税効果会計の対象となります。

(4) 連結納税制度を開始する場合

連結納税制度を適用する最初の事業年度の直前事業年度の税効果会計において，「法人税等」は単体納税制度に基づいて計上しますが，「法人税等調整額」は，決算時点で，連結納税の承認日（注1）を含んでいれば，連結納税制度を適用するものとして税効果会計を適用していきます。

したがって，連結納税制度を適用する最初の事業年度の直前事業年度に係る四半期財務諸表等において，「法人税等」は単体納税制度に基づいて計上しますが，「法人税等調整額」は，四半期決算日までに連結納税の承認を受けた場合には，翌事業年度より連結納税制度を適用するものとして税効果会計を適用し，承認を受けていない場合には「法人税等調整額」も単体納税制度に基づいて計上します。

なお，四半期決算日までに連結納税の承認を受けていない場合でも，

翌事業年度より連結納税制度を適用することが明らかな場合（注2）であって，かつ，連結納税制度に基づく税効果会計の計算が合理的に行われていると認められる場合（注3）には，翌事業年度より連結納税制度を適用するものとして，税効果会計を適用します。

(注1)「連結納税の承認日」とは，承認の処分があった日又は承認の処分があったものとみなされた日の前日をいいます。

(注2)「連結納税制度を適用することが明らかな場合」とは，連結納税の承認申請書が提出されており，連結納税制度を適用する意思が明確であって，その申請の却下事由が認められない場合をいいます。

(注3)「連結納税制度に基づく税効果会計の計算が合理的に行われている」とは，連結納税制度に基づいた課税所得の計算や繰延税金資産の回収可能性の十分な検討等が適切に行われていることをいいます。

(5) 加入・離脱の場合

① 連結納税グループ全体における税効果

イ 加入（現在の連結子会社を，将来，連結納税子会社として加入させる場合）

　連結納税親会社で，子会社株式の追加取得により100％子会社とすることについて意思決定がなされ，その実行可能性が高いと認められる場合には，将来，その加入が行われるものとして繰延税金資産の回収可能性を判断します。

ロ 離脱（現在の連結子会社かつ連結納税子会社を，将来，連結納税主体から離脱させる場合）

　連結納税親会社で，子会社株式の売却等により100％未満の子会社とすることについて意思決定がなされ，その実行可能性が高いと認められる場合には，将来，その離脱が行われるものとして繰延税

金資産の回収可能性を判断します。

　また，連結納税親会社のその連結納税子会社に対する投資に係る一時差異のうち，売却により解消されるものについては，税効果を認識します。ただし，将来減算一時差異の場合には，繰延税金資産の回収可能性を検討します。

② **連結納税子会社の個別財務諸表における税効果**
　イ　加入（現在の連結子会社を，将来，連結納税子会社として加入させる場合）

　　連結納税親会社で，子会社株式の追加取得により100％子会社とすることについて意思決定がなされ，その実行可能性が高いと認められる場合には，将来，その加入が行われるものとして繰延税金資産の回収可能性を判断します。

　ロ　離脱（現在の連結子会社かつ連結納税子会社を，将来，連結納税主体から離脱させる場合）

　　連結納税親会社で，子会社株式の売却等により100％未満の子会社とすることについて意思決定がなされ，その実行可能性が高いと認められる場合には，将来，その離脱が行われるものとして繰延税金資産の回収可能性を判断します。

第11章 中間財務諸表の税効果

1 原則法と簡便法

　中間財務諸表については，その基本的考え方が，年度決算と同じように中間会計期間を一事業年度とみなして確定決算を行う，いわゆる実績主義の立場をとっています。

　したがって，中間財務諸表における税効果会計の適用についても，本来的には年度決算と同様の方法（原則法）で行いますが，税務申告が原則として年に一度であることを考慮して，簡便法の適用も認められています。

　原則法とは，中間財務諸表の税金費用について，年度決算と同様の方法により計算する方法です。具体的には，法人税等の額は年度決算と同様の方法で計算し，税効果会計についても，中間会計期間を一事業年度とみなして，その中間決算日における予定実効税率に基づき，年度決算と同様に計算します。

　一方，簡便法とは，中間会計期間を含む事業年度の税引前当期純利益に対する実効税率を合理的に見積もり，税引前中間純利益にこの見積実効税率を乗じて税金費用を計算する方法です。

　ただし，見積実効税率を使用するのが適当でないときには，法定実効税率（回収又は支払いが見込まれる期の法定実効税率）を使用します。

〈中間財務諸表における税効果会計の適用〉

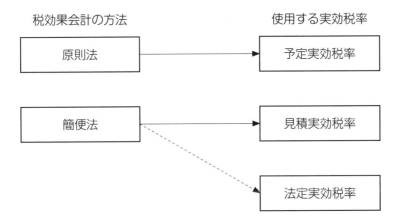

2 原則法による税効果会計の適用

　原則法により中間財務諸表の税効果会計を行う場合，中間会計期間を一事業年度とみなして，基本的には年度決算における税効果会計と同様の処理を行います。すなわち，中間会計期末における一時差異に対して，その中間決算日における予定実効税率を乗じて繰延税金資産・繰延税金負債の計上を行います。

　予定実効税率は，中間決算日において将来の税法及び税率の変更が確定している場合は改正後の税法及び税率を適用して計算します。

　このように，税効果会計に適用される税法及び税率が変更された場合には，過年度に計上された繰延税金資産及び繰延税金負債の金額の修正が必要となります。

　設例により税率が変更された場合の会計処理を確認してみましょう。

設 例

	X1年度		X2年度	
	中 間	年 度	中 間	年 度
税引前当期（中間）純利益	800	1,200	1,000	1,600
将来減算一時差異の発生	300	500	500	900
将来減算一時差異の解消			200	300
将来減算一時差異の残高	300	500	800	1,100
交際費損金不算入額	100	240	300	480
課税所得	1,200	1,940	1,600	2,680
納付税率	40%	40%	30%	30%
予定実効税率	40%	40%	30%	30%

※便宜的に納付税率と予定実効税率は同じと仮定します。
※X0年度期末には，将来減算一時差異はなかったとします。

まず，X1年度中間期末において，将来減算一時差異の中間期末残高に予定実効税率を乗じて，繰延税金資産の計上を行います。

　　　(借)繰延税金資産　　　120　　　(貸)法人税等調整額　　　120
　　※X1年度中間期末将来減算一時差異300×40％＝120
　　　(法人税等調整額：X0年度期末繰延税金資産0－X1年度中間繰延税金資産120＝△120)

次に，X1年度の年度期末には一時差異が300から500に増加しているため，中間決算で計上した繰延税金資産を取り崩し，あらためて年度期末の一時差異に対応する繰延税金資産を計上します。

　　　(借)法人税等調整額　　　120　　　(貸)繰延税金資産　　　120
　　　(借)繰延税金資産　　　200　　　(貸)法人税等調整額　　　200
　　※X1年度期末将来減算一時差異500×40％＝200
　　　(法人税等調整額：X0年度繰延税金資産0－X1年度期末繰延税金資産200＝△200)

さらに，X2年度中間には税率が変更になり，将来減算一時差異の金額も800に増加しています。

したがって，将来減算一時差異の残高800に変更後の予定実効税率を乗じて，繰延税金資産の再計算を行います。

　　　(借)法人税等調整額　　　200　　　(貸)繰延税金資産　　　200
　　　(借)繰延税金資産　　　240　　　(貸)法人税等調整額　　　240
　　※X2年度中間将来減算一時差異800×30％＝240
　　　(法人税等調整額：X1年度期末繰延税金資産200－X2年度中間繰延税金資産240＝△40)

次に，X2年度の年度期末には一時差異が1,100に増加しているため，中間決算で計上した繰延税金資産を取り崩し，あらためて年度期末の一時差異に対応する繰延税金資産を計上します。

(借)法人税等調整額　　240　　(貸)繰延税金資産　　240
(借)繰延税金資産　　　330　　(貸)法人税等調整額　330
※ X2年度期末一時差異 1,100×30％＝330
　（法人税等調整額：X1年度期末繰延税金資産200－X2年度期末繰延税金資産330＝△130）

各期の損益計算書は，次のとおりです。

損益計算書

	X1年度		X2年度	
	中間	年度	中間	年度
税引前当期（中間）純利益	800	1,200	1,000	1,600
法人税，住民税及び事業税	480	776	480	804
法人税等調整額	△120	△200	△40	△130
法人税等合計	360	576	440	674
当期（中間）純利益	440	624	560	926

（年度期末に租税特別措置法上の諸準備金等の積立てが予定されている場合）

　圧縮積立金，特別償却準備金，その他租税特別措置法上の諸準備金計上の原因となる会計事象が中間会計期間中において発生し，その事業年度において諸準備金等が積み立てられて，税務上損金算入されることが確実な場合には，中間決算において，その損金算入見込額に対する繰延税金負債を計上します。

　同様に，年度の決算において上記積立金の取崩しが予定されている場合には，中間決算において繰延税金負債の取り崩しを行います。

　以下の設例で確認してみましょう。

設例

・税引前中間純利益　1,000
・当中間会計期間において，火災により焼失した建物の保険金額が確定し，保険差益500が発生している。また，この保険金により新たに建物を取得した。当社では，年度決算において固定資産圧縮積立金を計上し，税務上損金算入を行うことにしている。
・予定実効税率　30％
　当中間期の課税所得は次のとおりです。

税引前中間純利益	1,000
将来加算一時差異の発生	△500
課税所得	500

　中間期において保険差益が確定し，代替資産も取得しているため，税効果会計上は，中間決算で圧縮積立金に対する繰延税金負債を計上します。

(借)法人税等調整額　　150　　　(貸)繰延税金負債　　150
※将来加算一時差異 500×30％＝150：当期末繰延税金負債

（前期末に税務上の繰越欠損金がある場合）

前期末時点で繰越欠損金がある場合には，この繰越欠損金を上期と下期で課税所得に平均的に充当するのではなく，上期の課税所得から優先的に充当します。

次の設例で確認してみましょう。

設例

	中　間	年　度
税引前当期（中間）純利益	1,600	2,600
将来減算一時差異の発生	400	700

・前期末繰越欠損金　800
・予定実効税率：前期，当期ともに30％とし，前期末繰越欠損金800に対して240の繰延税金資産を計上しているとします。

中間会計期間に係る課税所得は次のようになります。

税引前中間純利益	1,600
将来減算一時差異の発生	400
繰越欠損金	△800
課税所得	1,200

すなわち，中間会計期間に前期繰越欠損金を充当するために十分な所得が発生していますので，繰越欠損金を下期の課税所得からは控除せずに，すべて上期の課税所得から控除します。

したがって，前期末で計上していた繰越欠損金に係る繰延税金資産240については，中間決算で全額取り崩すことになります。

　　　（借）法人税等調整額　　　240　　（貸）繰延税金資産　　240

3 簡便法による税効果会計の適用

　簡便法とは，四半期会計期間又は中間会計期間に係る税金費用について，四半期会計期間又は中間会計期間を含む事業年度の税引前当期純利益に対する税効果適用後の実効税率を合理的に見積もり，税引前四半期純利益又は税引前中間純利益（以下，税引前中間純利益等といいます。）にこの見積実効税率を乗じて計算する方法です。

　見積実効税率の計算方法は次のとおりです。

見積実効税率の計算式（その1）

$$見積実効税率 = \frac{予想年間税金費用（※）}{予想年間税引前当期純利益}$$

（※）予想年間税金費用＝（予想年間税引前当期純利益±一時差異に
　　　　該当しない差異）×法定実効税率－税額控除額

　簡便法の場合には，納付税額と法人税等調整額を区別することなく，税引前中間純利益等に見積実効税率を乗じて一括して計上することになります。

　一時差異については，税引前中間純利益等に対する税金費用の計算に影響しないため，一時差異に該当しない差異及び税額控除を考慮して見積実効税率の計算を行い，税引前中間純利益等に見積実効税率を乗じて税金費用を計上します。

3 簡便法による税効果会計の適用

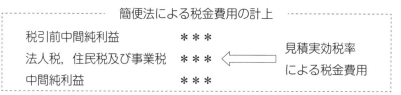

ただし、予想年間税金費用の算定に当たり、前期末に将来減算一時差異が発生しており、かつ、回収可能性に問題があり、繰延税金資産の計上をしていなかったものについて、当期又は将来回収可能であることが判明した場合、この繰延税金資産の回収可能額を予想税金費用から控除します。

では、設例により確認してみましょう。

設 例　（X2年度の納付税率以外は，原則法の場合と同じものです。）

	X1年度		X2年度	
	中 間	年 度	中 間	年 度
税引前当期（中間）純利益	800	1,200	1,000	1,600
将来減算一時差異の発生	300	500	500	900
将来減算一時差異の解消			200	300
将来減算一時差異の残高	300	500	800	1,100
交際費損金不算入額	100	240	300	480
課税所得	1,200	1,940	1,600	2,680
納付税率	40%	40%	40%	40%
予定実効税率	40%	40%	30%	30%

（※）X2年度の中間会計期間中に、税法改正が公布され、予定実効税率が40%から30%になりましたが、X2年度の納付税率には影響しないものとします。

以上の条件よりX1年度中間会計期間分について,簡便法による税金費用の計算をします。

(見積実効税率の計算)

	X1年度中間
予想年間税引前当期純利益(A)	1,200
予想年間交際費損金不算入額	240
補正後税引前当期純利益	1,440
法定実効税率	40%
税金費用(B)	576
見積実効税率(B/A)	48%

(税金費用の計算)

	X1期中間
税引前中間純利益	800
見積実効税率	48%
法人税,住民税及び事業税	384

以上について税金費用の計上仕訳を示しますと次のようになります。

(借)法人税,住民税及び事業税　384　　(貸)未払法人税等　384

中間損益計算書

	X1年度中間	
	原則法	簡便法
税引前中間純利益(A)	800	800
法人税，住民税及び事業税	480	384
法人税等調整額	△120	
法人税等合計	360	384
中間純利益	440	416

(※) 簡便法により計算した中間会計期間における税金費用は，中間損益計算書上一括して記載するとともにその旨を注記します。

　原則法の場合と簡便法の場合のそれぞれについて，X1年度の中間損益計算書を比較します。

　原則法と簡便法を比較すると，法人税等合計が24異なります。

　これは，税引前中間純利益に対する社外流出項目である交際費損金不算入額の割合が，原則法では12.5％（100÷800）であるのに対し，予想年度損益では20％（240÷1,200）と両者の間に7.5％の差があるため，この割合差だけ税金費用が異なります（800×（20％－12.5％）×40％＝24）。

（税率変更の場合の取扱い）

次に，X2年度の中間の税金費用の計算はどうでしょうか。

予定実効税率が変更になった場合には，先程の見積実効税率の計算式が次のようになります。

見積実効税率の計算式（その2）

$$見積実効税率 = \frac{予想年間納付税額（※）＋予想年間法人税等調整額}{予想年間税引前当期純利益}$$

（※）予想年間納付税額＝法人税，住民税及び事業税の年間見込額
　　　　　　　　　　（年間の課税所得の見積額×当期の税率）

上記の計算式により，X2年度の税金費用を計算しますと次のとおりです。

―予想年間納付税額―

	X2期
予想年間税引前当期純利益	1,600
予想年間将来減算一時差異の発生	900
予想年間将来減算一時差異の解消	△300
予想年間交際費損金不算入額	480
予想年間課税所得	2,680
納付税率	40%
予想年間納付税額	1,072

―予想年間法人税等調整額―

	X2期
繰延税金資産（前期末）	200
予想当期末将来減算一時差異残高	1,100
予定実効税率	30%
繰延税金資産（当期末）	330
予想年間法人税等調整額	※△130

※これには税率変更による影響額110が含まれています。

将来減算一時差異期末残高 1,100 × (40% − 30%) = 110

―見積実効税率―

	X2期中間
予想年間税引前当期純利益(A)	1,600
予想年間納付税額	1,072
予想年間法人税等調整額	△130
予想年間法人税等合計(B)	942
見積実効税率(B/A)	58.9%

よって，中間の税金費用は次のとおりです。

税引前中間純利益 1,000 × 見積実効税率 58.9% = 589

ここで，仮に税率が変更にならずに40%のままであった場合は，どうでしょうか。

この場合，見積実効税率は次のとおりです。

	X2期中間
年間税引前当期純利益(A)	1,600
交際費損金不算入額	480
補正後税引前当期純利益	2,080
法定実効税率	40%
予想年間税金費用(B)	832
見積実効税率(B/A)	52%

したがって,税率変更による影響は6.9%（58.9%－52%）です。影響額としては,110（年間税引前当期純利益1,600×6.9%）となります。

これは,先程の税率変更による影響額に一致しています。

4 簡便法を適用する場合に見積実効税率が使用できないケース

簡便法を適用する場合でも，以下のようなケースでは，見積実効税率の算定を行うと著しく合理性を欠く数値が算定されるため，見積実効税率の代わりに法定実効税率を使用することになります。

① 予想年間税引前当期純利益がゼロ又は損失となる場合
② 予想年間税金費用がゼロ又はマイナスとなる場合
③ 上期と下期の損益が相殺されるため，一時差異等に該当しない差異に係る税金費用の影響が予想年間税引前当期純利益に対して著しく重要となる場合

(1) 上期に利益があり，下期にそれを上回る損失が発生している場合

（年間税引前当期純利益はマイナス）

予想年間税引前当期純利益が損失となり，見積実効税率を算定するとマイナスになってしまうため，税引前中間純利益に予定実効税率を乗じて税金費用を計算します。

ただし，一時差異等に該当しない差異が重要な場合には，その金額を税引前中間純利益に加減した上で予定実効税率を乗じます。

設例で確認してみましょう。

設例

	中間	年度
税引前当期（中間）純利益	2,000	△800
将来減算一時差異の発生	500	500
交際費損金不算入額	400	600
法定実効税率	30%	30%

予想年間税引前当期純利益が損失のため，見積実効税率ではなく，法定実効税率により中間会計期間に係る税金費用を計算します。

また，一時差異等に該当しない重要な差異である交際費等の損金不算入額が発生しているためその影響についても考慮します。

（税金費用の計算）

税引前中間純利益	2,000
交際費損金不算入額	400
補正後税引前中間純利益	2,400
法定実効税率	30%
税金費用	720

税金費用の計上仕訳を示しますと次のようになります。

　　（借）法人税，住民税及び事業税　　720　　（貸）未払法人税等　　720

（2） 上期と下期の損益が相殺されるため，一時差異等に該当しない差異の影響が著しく重要となる場合

上期と下期の損益が相殺されて，予想年間税引前当期純利益の金額に

対する一時差異等に該当しない差異の金額が著しく重要な場合には、その結果算定された見積実効税率は不適切な数値になりますので、税金費用の算定に際して見積実効税率を使用しないで予定実効税率を使用します。

以下、設例で確認してみましょう。

設例

	中間	年度
税引前当期（中間）純利益	2,000	200
将来減算一時差異の発生	500	500
交際費損金不算入額	200	400
法定実効税率	30%	30%

（見積実効税率の計算）

予想年間税引前当期純利益	200 ⟶ A
予想年間交際費損金不算入額	400
補正後税引前当期純利益	600
法定実効税率	30%
税金費用	180 ⟶ B

B/A＝180÷200＝90%

これは上期（2,000）と下期（△1,800）で損益が相殺されるため、一時差異等に該当しない差異400が見積実効税率の計算に重要な影響を与えることにより、見積実効税率が90%と著しく大きくなってしまっている例です。

このような場合には、見積実効税率による税金費用の計算は著しく合理性を欠くため、見積実効税率の代わりに法定実効税率を乗じて中間会

計期間に係る税金費用を計算します。

(法人税，住民税及び事業税の計算)

一時差異等に該当しない重要な差異である交際費等の損金不算入額が発生しているため，その影響も考慮します。

税引前中間純利益	2,000
交際費損金不算入額	200
補正後税引前中間純利益	2,200
法定実効税率	30%
税金費用	660

税金費用の計上仕訳は次のとおりです。

　　(借)法人税，住民税及び事業税　　660　　(貸)未払法人税等　　660

5 中間連結財務諸表における税効果会計の適用

　中間連結財務諸表における税金費用については，連結会社（親会社・連結子会社）の個別財務諸表上の一時差異に係るものと，連結手続上の一時差異に係る法人税等調整額に分けて計算します。

　すなわち，連結会社の個別決算上の税効果会計については，会社ごとに原則法又は簡便法が適用できます。

　連結決算手続上で生じた税効果会計については，年度決算と同様の方法で税金費用の計算を行います。

〈中間個別と中間連結の税効果手続〉

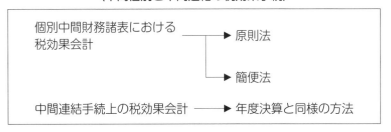

6 四半期財務諸表における税効果会計

　金融商品取引法の制定により，上場会社等を対象として平成20年4月1日以後開始する連結会計年度及び事業年度から四半期報告制度が導入されました。

　四半期財務諸表における税金費用の計算については，年度及び中間会計期間における決算手続以上に迅速性が求められていることから，年度決算と同様の方法のほか，いくつかの簡便処理が認められています。

(1) 原則的な会計処理

　四半期財務諸表の法人税等については，四半期会計期間を含む年度の法人税等の計算に適用される税率に基づき，原則として年度決算と同様の方法により計算します。

　繰延税金資産及び繰延税金負債については，回収可能性等を検討した上で，四半期貸借対照表に計上しますが，この回収可能性の判断においては，次のような簡便的な取扱いが認められています。

① 経営環境の著しい変化（重要な企業結合や事業分離，業績の著しい好転又は悪化，その他）が生じておらず，かつ，一時差異等の発生状況について前年度末から大幅な変動がないと認められる場合には，繰延税金資産の回収可能性の判断に当たり，前年度末の検討において使用した将来の業績予測やタックスプランニングを利用することができます。

② 経営環境に著しい変化が生じ，又は，一時差異等の発生状況につ

いて前年度末から大幅な変動があると認められる場合には，繰延税金資産の回収可能性の判断に当たり，財務諸表利用者の判断を誤らせない範囲において，前年度末の検討において使用した将来の業績予測やタックス・プランニングに，その著しい変化又は大幅な変動による影響を加味したものを使用することができます。

（2） 四半期特有の会計処理

　税金費用については，年度の税引前当期純利益に対する税効果会計適用後の実効税率を合理的に見積もり，税引前四半期純利益にその見積実効税率を乗じて計算することができます（簡便法）。

　この場合には，四半期貸借対照表計上額は未払法人税等の科目により表示し，前年度末の繰延税金資産及び繰延税金負債については，回収可能性等を検討した上で，四半期貸借対照表に計上します。

　なお，前年度末に計上された繰延税金資産及び繰延税金負債については，繰延税金資産の回収見込額を各四半期決算日時点で見直した上で四半期貸借対照表に計上することになりますが，その見直しに当たっては，財務諸表利用者の判断を誤らせない限り，「(1) 原則的な会計処理」で定める2つの簡便的な方法によることも認められています。

　見積実効税率の算定方法，税率が変更された場合の見積実効税率の算定方法及び見積実効税率を用いて税金費用を計算すると著しく合理性を欠く結果となる場合の取扱いについては，「中間財務諸表等における税効果会計」に準じて処理します。なお，見積実効税率の算定においては，税額控除も考慮する必要があります。

　また，見積実効税率の算定において，財務諸表利用者の判断を誤らせない限り，一時差異等に該当しない差異や税額控除等の算定に当たり，

重要な項目に限定する方法によることができます。

（3） 重要性が乏しい連結会社における簡便的な会計処理

連結財務諸表における重要性が乏しい連結会社において，経営環境に著しい変化が発生しておらず，かつ，一時差異等の発生状況について前年度末から大幅な変動がない場合には，四半期財務諸表における税金費用の計算に当たり，税引前四半期純利益に，前年度の損益計算書における税効果会計適用後の法人税等の負担率を乗じて計算する方法によることができます。

なお，この方法によった場合，前年度末に計上された繰延税金資産及び繰延税金負債については，同額を四半期貸借対照表に計上することになります。

（4） 四半期連結財務諸表における法人税等の会計処理

四半期連結財務諸表における税金費用は，連結会社の個別財務諸表上の税金費用と連結手続上生ずる一時差異等に係る法人税等調整額に分けて計算します。

すなわち，連結会社の税金費用については，連結会社ごとに，原則的な処理方法又は四半期特有の処理方法のいずれかの方法により計算し，また，連結手続上行われた修正仕訳に係る一時差異については，四半期会計期間を含む年度の法人税等の計算に適用される税率に基づいて計算します。

(5) 四半期連結財務諸表における未実現利益消去に係る税効果

連結会社間での取引により生じた未実現利益を四半期連結の手続上で消去するに当たって，その未実現利益額が，売却元の年間見積課税所得額（税引前四半期純利益に年間見積実効税率を乗じて計算する方法による場合は，予想年間税引前当期純利益）を上回っている場合には，連結消去に係る一時差異の金額は，その年間見積課税所得額を限度とします。

(6) 連結納税制度を採用した場合における簡便法適用の可否

連結納税制度を採用した場合であっても，予想年間税金費用と予想年間税引前当期純利益を合理的に見積もることができるときには，期首からの累計期間に係る税金費用については，同期間を含む年度の税効果会計適用後の実効税率を合理的に見積もり，税引前四半期純利益にその見積実効税率を乗じて計算する方法によることができます。

第12章 連結財務諸表における連結仕訳の税効果

1 連結財務諸表における税効果会計の適用

　連結財務諸表は，各連結会社の個別財務諸表を単純合算した後，連結グループ間取引の相殺消去など，必要な連結仕訳を行って作成されます。

　ここで，連結財務諸表上計上される法人税等の税金費用は，税効果会計適用前においては，各連結会社の個別決算で計上された税金費用の単純合計となっています。

　したがって，連結上の税引前利益に対応した税金費用が適切に計上されるためには，次の2種類の一時差異に対して，税効果会計を適用する必要があります。

　① 個別財務諸表における企業会計上の資産・負債と法人税法上の資産・負債の差異

　② 税効果適用後の個別財務諸表における資産・負債と連結財務諸表上における資産・負債の差異

　このうち，①については個別決算上税効果仕訳が計上されている場合には，あらためて連結手続上考慮する必要はありませんが，個別決算上計上されていない場合には，連結決算手続において個別財務諸表の修正仕訳を行うことになります。

　②は個別財務諸表を合算した後，連結仕訳を行った場合に新たに発生する個別財務諸表と連結財務諸表の間に生ずる一時差異のことをいいます。

　たとえ個別財務諸表で①の差異についての調整を行って，あるべき税

金費用を正しく計上しても，連結手続で②の差異についての調整を行わないと，連結上の税引前利益に対応した税金費用が計上されません。

〈個別上と連結上の一時差異〉

（①の差異）　（②の差異）

①の差異については，第6章で検討しましたので，ここでは②の一時差異に係る税効果仕訳について検討します。

(1) 連結上の一時差異の種類

まず，連結手続上，税効果会計の調整が必要になるのはどのような場合でしょうか。

具体的には，次のような場合に一時差異が生じます。

① 資本連結時の子会社の資産・負債の時価評価による評価差額

② 債権債務の相殺消去に係る貸倒引当金の調整

③ 未実現損益の消去

④ 投資の連結上の価額と親会社における簿価の差額（子会社株式の売却などを前提とする。）

以上のケースにおいて一時差異に係る税効果仕訳を行う必要があります。

(2) 連結上の税効果に係る繰延税金資産の回収可能性

　連結手続上で生じた将来減算一時差異（未実現損益の消去に係る将来減算一時差異を除きます。）に係る繰延税金資産については，各納税主体ごとに個別貸借対照表上の繰延税金資産の計上額（繰越外国税額控除に係る繰延税金資産を除きます。）と合算し，個別税効果と同様に回収可能性を判断します。

　なお，回収可能性を判断するに当たり，未実現損失の消去に係る将来加算一時差異の将来における解消見込額を「将来加算一時差異の十分性」に含めることはできません。

2 子会社の資産・負債の時価評価に係る税効果

　連結財務諸表作成上，資本連結の手続に際して子会社の資産・負債を時価に評価替えする必要があります。

　この評価方法として全面時価評価法と部分時価評価法の二つの方法があり，連結子会社については，全面時価評価法を適用し，持分法適用会社については，部分時価評価法を適用します。

　全面時価評価法とは，子会社の資産・負債について非支配株主持分に相当するものも含めてすべて時価に評価替えする方法で，支配権を獲得した時点の子会社の資産・負債の時価を支配権獲得日の時価で評価します。したがって，全面時価評価法において評価替えを行うのは基本的には一回だけです。

　部分時価評価法とは，子会社の資産・負債のうち親会社の持分に相当する部分のみを時価で評価する方法で，子会社の株式を取得した日ごとに当該日の時価で評価します。したがって，部分時価評価法においては複数回評価替えを行う可能性があります。

　いずれの場合でも連結手続で行うため，連結財務諸表と個別財務諸表で貸借対照表計上額が異なり，一時差異が発生することになります。

　たとえば，資産で時価の方が簿価よりも大きかった場合には，将来その資産を処分したときの処分原価については連結上の方が大きく個別上の方が小さくなるため，個別上の売却益が大きくなります。

　したがって，将来の税金費用を増額する効果がありますので，将来加算一時差異に対して繰延税金負債を計上することになります。

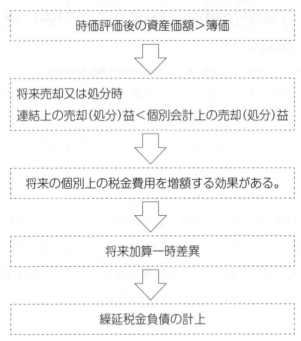

　それでは,全面時価評価法の場合について設例により確認してみましょう。

設例

・X2年度にA会社株式を取得して支配権を獲得した。
・株式取得時点の有価証券,たな卸資産,有形固定資産,退職給付引当金の時価と簿価は,それぞれ次のとおりでした。

	簿　価	時　価
有価証券	100	180
たな卸資産	240	200
有形固定資産	300	400
未払金	0	30

・取得時子会社純資産計　　1,000
　子会社株式取得価額　　　900
　子会社株式の持株比率　　80％

・Ｘ２年度における予定実効税率を30％とする。

	評価差額（損は（　））	税効果（30％）	
		繰延税金資産	繰延税金負債
有価証券（増加）	80		24
たな卸資産（減少）	(40)	12	
有形固定資産（増加）	100		30
未払金（増加）	(30)	9	
合　計	110	21	54

　以上の条件をもとに資産・負債について評価差額及びそれに係る税効果を適用した場合の繰延税金資産・繰延税金負債の計上額は以下のとおりです。

　まず，子会社の財務諸表における資産・負債の時価簿価評価差額の全額について評価替えを行います。

(借)有 価 証 券	80	(貸)た な 卸 資 産	40
(借)有形固定資産	100	(貸)未　払　金	30
		(貸)純資産(評価差額)	110

評価差額に関して，資産については（時価＞簿価）の場合，負債については（時価＜簿価）の場合，将来加算一時差異に対して繰延税金負債を計上します。

逆に，資産については（時価＜簿価）の場合，負債については（時価＞簿価）の場合，将来減算一時差異に対して繰延税金資産を計上します。

相手勘定は，子会社の資本勘定となります。

| (借)繰 延 税 金 資 産 | 21 | (貸)繰 延 税 金 負 債 | 54 |
| (借)純資産(評価差額) | 33 | | |

※繰延税金資産：$(40+30) \times 30\% = 21$

※繰延税金負債：$(80+100) \times 30\% = 54$

時価評価差額及び税効果認識後の投資と資本の相殺消去は次のようになります（子会社の純資産の部には，時価評価差額の修正仕訳とそれに伴う税効果仕訳の差額として純資産（評価差額）が77（＝110－33）計上されています）。

(借)純　資　産	1,000	(貸)子 会 社 株 式	900
(借)純資産(評価差額)	77	(貸)非支配株主持分	215
(借)の　れ　ん	38		

※非支配株主持分：子会社の純資産$(1,000+110-33) \times 20\% = 215$

(注)「のれん」は，子会社株式の取得価額からその子会社の時価評価後の純資産を差し引いて求めますが，その差額がマイナスの場合には，「負ののれん」となります。

3 貸倒引当金の修正に係る税効果

　連結手続では，連結グループ間の債権債務の相殺消去を行いますが，それに伴って消去される債権に設定されていた貸倒引当金を取り消す必要があります。

　これにより，連結上の貸倒引当金計上額と個別上の貸倒引当金計上額に一時差異が発生することになります。

　この一時差異は翌期以降に個別上の債権債務が決済されることに伴って貸倒引当金が取り崩されることで解消します。

　連結仕訳を示しますと次のとおりです。

設例

　X1年度の連結手続として連結グループ間の債権債務を相殺消去したことに伴って，債権に設定されていた貸倒引当金100を取り消しました。

　また，X2年度に債権債務が決済されたことにより，連結上，X1年度に取り消した貸倒引当金を個別上で取り崩したとします。

（X1年度の貸倒引当金の連結仕訳）
　　(借)貸 倒 引 当 金　　100　　(貸)貸倒引当金繰入額　　100
（X2年度の貸倒引当金の連結仕訳）
　　(借)貸倒引当金繰入額　　100　　(貸)貸 倒 引 当 金　　100

　この処理により，X1年度においては連結上の利益の方が個別上の利

益よりも大きくなり、X2年度においては、連結上の利益の方が小さくなります。

したがって、X1年度において連結上の利益に対応した税金費用を繰延税金負債の計上により見越計上し、X2年度に繰延税金負債を取り崩して税金費用を減額する必要があります。

ただし、個別上で計上された貸倒引当金について、税務上で損金にならない場合と損金になる場合とでは取扱いが異なります。

（１） 個別上の貸倒引当金が税務上で損金にならない場合

税務上で損金にならない部分については、個別上の法人税申告書で加算され、一時差異となっているため、将来減算一時差異として繰延税金資産が計上されています。

したがって、税務上で損金にならない金額に係る税効果についての連結上の手続としては、個別上の繰延税金資産と連結上の繰延税金負債を相殺することになります。

そして、税務上で損金になる部分に係る税効果については、個別上で一時差異となっていないため繰延税金負債をそのまま計上することになります。

これを設例により確認してみましょう。

設 例

・連結グループ間の貸倒引当金について、税務上で損金にならない部分が80、損金になる部分が20の計100を計上した。
・連結手続においてグループ間取引の相殺消去を行い、それに伴って消去した債権に係る貸倒引当金の計上額については取り消している。

3 貸倒引当金の修正に係る税効果

・予定実効税率を30%とする。

この場合に，税務上，個別上及び連結上の貸倒引当金繰入額，差引利益及び税金費用をまとめると次のとおりです。

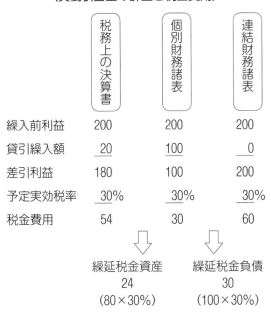

〈貸倒引当金の計上と税金費用〉

すなわち，税務上は20だけ貸倒引当金の繰入れが認められますので，差引利益が180になり，対応する税金費用は54となります。

また，個別上は100が貸倒引当金として繰り入れられますので，差引利益は100となり，30の税金費用が計上されます。

このとき，税務上で損金にならない部分が80あるため，繰延税金資産を24（＝80×30%）計上して税金費用の前払い処理を行います。

連結上は，グループ間で引き当てられた貸倒引当金であるため，債権債務の相殺消去とともに取り崩されます。

したがって，貸倒引当金繰入額はゼロで差引利益は200となり，税金費用は60となります。

連結上で税効果会計を適用して繰延税金負債を計上し，30の税金費用の未払計上を行います。

ただし，個別上で，繰延税金資産24の計上を行っているため，24については繰延税金資産と相殺し，残りの6について繰延税金負債の計上を行います。

　　(借)法人税等調整額　　30　　(貸)繰延税金負債　　30
　　(貸)繰延税金負債　　24　　(貸)繰延税金資産　　24

（2） 個別上の貸倒引当金がすべて税務上で損金になる場合

個別上すべて損金になる場合には，税務上と個別上で貸倒引当金の計上額は一致しています。

一方，連結決算手続において，個別上で計上した貸倒引当金は連結グループ間のものであるため，連結上取り消しますが，これにより税務上と連結上の間に一時差異が発生します。

しかし，(1)の場合のように，個別上は繰延税金資産は計上していないため，繰延税金負債の全額が計上されることになります。

先程の設例で貸倒引当金100がすべて損金になる部分であったとしますと，連結上で次のような税効果仕訳を行うことになります。

　　(借)法人税等調整額　　30　　(貸)繰延税金負債　　30

4 未実現損益の消去に係る税効果

　連結グループ間の取引により発生した損益のうち期末時点で外部に売却されずに連結会社の貸借対照表に計上されているものがある場合，連結仕訳においてグループ間で計上された損益を未実現損益として消去します。

　未実現利益が生じている場合には，個別上は売却元の会社で売却益が計上され，これに対し税金費用が計上されますが，連結上はこの売却益は消去されるため，売却元で発生した税金費用を減額し，繰延税金資産として繰り延べる必要があります。

　そして，将来，その未実現利益が実現したときに繰延税金資産を取り崩します。

　この売却元で発生した税金は確定した金額であるため，繰延税金資産の計上額は，売却元において未実現利益の金額に対して売却年度の課税所得に適用された法定実効税率を使用して計算します。そのため，売却元に適用される税率がその後改正されても，未実現利益に係る繰延税金資産は税率変更の影響を受けません。

　反対に，未実現損失を消去する場合には，売却元で課税所得の計算上，未実現損失が損金処理されたことによる税金軽減額分の税金費用を増額するとともに繰延税金負債を計上し，その未実現損失が実現したときに繰延税金負債を取り崩します。

　グループ法人税制における完全支配関係にある国内会社間で行われた資産の譲渡損益のうち一定の要件を満たすものは，課税が繰り延べら

れ，連結上においても未実現損益として消去されるため，一時差異は発生しません。

　未実現利益の消去に係る繰延税金資産の回収可能性は，他の繰延税金資産とその性格が異なるため，個別上の回収可能性の判断要件は適用しません。未実現利益の消去に係る将来減算一時差異の額は，売却元の売却年度における課税所得額を限度とし，未実現損失の消去に係る将来加算一時差異の額は，売却元の当該未実現損失に係る損金を計上する前の課税所得額を限度として，繰延税金資産及び繰延税金負債を計上します。

〈未実現利益の調整と税効果〉

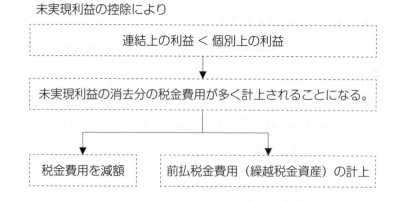

　それでは，設例により未実現利益に係る一時差異についての税効果仕訳を検討してみましょう。

設例

　X1年度，X2年度における子会社から親会社へ販売した商品のうち期末在庫として残っているものに含まれる未実現利益，法定実効税率，

4 未実現損益の消去に係る税効果

親会社の持株比率は次のとおりです。

	X1年度	X2年度
未実現利益（子→親）	500	600
法定実効税率	40%	30%
子会社に対する持株比率	80%	80%

X1年度から税効果会計を導入した場合の未実現利益の消去に関する仕訳及び税効果仕訳を見てみましょう。

まず，X1年度における未実現利益の消去に係る連結仕訳は次のとおりです。

(借)売上原価(期末商品) 500 　(貸)た な 卸 資 産　500
(借)非支配株主持分　 100　 (貸)非支配株主損益　100

※非支配株主損益：500×(100％－80％)＝100

(注) 本章では，「非支配株主持分に帰属する当期純利益」について，「非支配株主損益」と表示しています。

親会社の貸借対照表上のたな卸資産及び売上原価（期末商品）に未実現利益が含まれているため，これを消去します。

子会社の未実現利益のうち，非支配株主が負担すべき割合（20％）について非支配株主持分を減少させます。

この未実現利益の消去によって，たな卸資産の計上額500について連結上と個別上で差異が生じています。

この差異は，X2年度に未実現利益の実現仕訳を行うことによって解消する一時差異です。

したがって，X1年度においては，500を一時差異として，繰延税金資産を計上します。

(借)繰延税金資産	200	(貸)法人税等調整額	200
(借)非支配株主損益	40	(貸)非支配株主持分	40

※法人税等調整額：未実現利益 500×40％＝200

※非支配株主損益：200×(100％－80％)＝40

　また，未実現利益の消去については個別上はすでに利益が計上されており，その分の税額も確定しているため，将来時点において実際の税金を減額する効果はありません。

　つまり，ここでは将来の税金減額効果に着目するのではなく，Ｘ１年度の税金費用の計上を正しく行うために，未実現利益の消去により減算した連結上の利益に対応する税金費用を繰り延べる，いわゆる繰延法の考え方に基づいています。

　したがって，繰延税金資産・繰延税金負債の計上はＸ１年度の法定実効税率40％により行います。

　また，将来に税率変更があっても繰延税金資産・繰延税金負債の計上額の見直しを行う必要はありません。

　次に，Ｘ２年度において，Ｘ１年度に行った未実現利益の消去及び税効果に関する開始仕訳を行います（連結仕訳は帳簿外の手続として行われるため，前期までに行った連結仕訳のうち利益剰余金期首残高に影響するものは，当期の開始仕訳として再計上する必要があります。）。

（開始仕訳）

(借)利益剰余金期首残高	500	(貸)た な 卸 資 産	500
(借)非支配株主持分	100	(貸)利益剰余金期首残高	100
(借)繰延税金資産	200	(貸)利益剰余金期首残高	200
(借)利益剰余金期首残高	40	(貸)非支配株主持分	40

4 未実現損益の消去に係る税効果

　X2年度において，X1年度に行われたたな卸資産の未実現利益の消去の仕訳については，X2年度には外部売却等により実現しているものとして，連結手続上は実現仕訳を行います。

（前期末の未実現利益についての実現仕訳）
　　(借)た な 卸 資 産　　500　　　(貸)売 上 原 価　　500
　　(借)非支配株主損益　　100　　　(貸)非支配株主持分　100

　これに伴い前期末の未実現利益に対して計上していた繰延税金資産についても取り崩します。

　　(借)法人税等調整額　　200　　　(貸)繰延税金資産　　200
　　(借)非支配株主持分　　 40　　　(貸)非支配株主損益　 40

　次に，X2年度の未実現利益について消去仕訳を行います。
（X2年度の未実現利益控除）
　　(借)売 上 原 価　　600　　　(貸)た な 卸 資 産　　600
　　(借)非支配株主持分　　120　　　(貸)非支配株主損益　120
　　※非支配株主損益：$600 \times (100\% - 80\%) = 120$

　これに対応する税効果仕訳を行います。

　　(借)繰延税金資産　　180　　　(貸)法人税等調整額　　180
　　(借)非支配株主損益　 36　　　(貸)非支配株主持分　　 36
　　※法人税等調整額：未実現利益 $600 \times 30\% = 180$
　　※非支配株主損益：$180 \times (100\% - 80\%) = 36$

期首の繰延税金資産は取り崩されているため,期末の未実現利益(=将来減算一時差異)にX2年度の法定実効税率30%を乗じたものが,X2年度の繰延税金資産として計上されることになります。

以上のX2年度における未実現利益に関する連結仕訳及び税効果仕訳をまとめますと,次のようになります。

(未実現利益の消去仕訳)

(借)利益剰余金期首残高	400	(貸)売 上 原 価	500
(借)非 支 配 株 主 損 益	100		
(借)売 上 原 価	600	(貸)た な 卸 資 産	600
(借)非 支 配 株 主 持 分	120	(貸)非 支 配 株 主 損 益	120

(税効果仕訳)

(借)法 人 税 等 調 整 額	200	(貸)利益剰余金期首残高	160
		(貸)非 支 配 株 主 損 益	40
(借)繰 延 税 金 資 産	180	(貸)法 人 税 等 調 整 額	180
(借)非 支 配 株 主 損 益	36	(貸)非 支 配 株 主 持 分	36

5　子会社への投資に係る親会社側での税効果

　子会社への投資を行うことによって発生する一時差異についてみていきましょう。

　まず，一時差異が発生する事由，一時差異の分類及びその一時差異が解消する場合についてまとめると次のとおりです。

〈子会社への投資に係る税効果まとめ〉

一時差異を生じる事由	一時差異の分類	一時差異が解消する場合
投資後に発生した子会社の利益	将来加算一時差異	・益金不算入に該当しない配当金 ・子会社株式の外部への売却
投資後に発生した子会社の損失	将来減算一時差異	・子会社株式評価減の税務上の損金算入 ・子会社株式の外部への売却
のれんの償却	将来減算一時差異	・子会社株式評価減の税務上の損金算入 ・子会社株式の外部への売却
負ののれんの利益計上	将来加算一時差異	・子会社株式の外部への売却

　それでは，一時差異が生じる事由ごとに，税効果会計の適用についてみてみましょう。

（1） 投資後に生じた子会社の留保利益に係る税効果

　子会社へ投資を行った時点では，親会社における個別上の子会社株式勘定（投資原価）と連結上の簿価（子会社の純資産の親会社持分額とのれんの未償却残高の合計額）は一致しているため一時差異は発生していません。

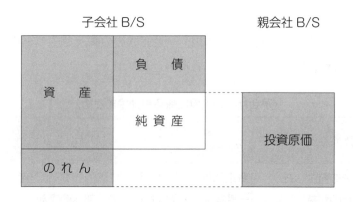

　しかし，投資後に生じた子会社の剰余金増加額については，連結上親会社持分額だけ利益剰余金を増加させますが，親会社の個別上の投資原価はそのままなので，連結上と個別上（税務上）の一時差異が発生します。

　剰余金増加額の分だけ個別上の投資価額の方が小さくなりますので，将来処分時点では個別上の売却益が大きくなるため税金費用を増額する効果がありますので，この将来加算一時差異に対して繰延税金負債を計上します。

　ただし，繰延税金負債を計上するのは，将来この子会社株式を売却する意思が明確になった場合又は将来益金不算入に該当しない配当が行われ，追加で税金の納付が見込まれる場合に限られます。

〈投資原価と剰余金増加額〉

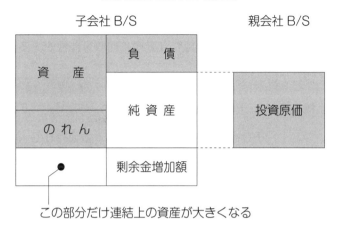

たとえば、100％子会社が当期純利益を1,000計上したとします。親会社の予定実効税率が30％の場合で、将来に子会社株式の全部を売却することが決定したとき、剰余金増加額についての一時差異に対する税効果仕訳は次のようになります。

　　(借)法人税等調整額　　300　　(貸)繰延税金負債　　300

(2) のれんの償却に係る税効果会計の適用

のれんを償却した場合には、連結上の簿価と親会社の個別上の投資原価との間で一時差異が発生します。

この場合、のれん償却額に対する一時差異について、税効果会計を適用します。すなわち、のれん償却額の分だけ連結上の簿価が減額されますので、個別上の投資原価が連結上の簿価よりも大きくなります。

したがって、将来売却した時点では個別上の売却益の方が小さくなるため将来の税金費用を減額する効果がありますので、この将来減算一時差異に対して繰延税金資産の計上を行います。

ただし、ここで一時差異が生じるのは、将来この子会社株式を売却する可能性が高い場合など将来減算一時差異が解消される可能性が高く、その将来減算一時差異に係る繰延税金資産に回収可能性があると判断される場合に限られます。

〈投資原価とのれんの償却〉

子会社 B/S　　　　　　　親会社 B/S

資　産	負　債
	純資産
のれん	投資原価

のれん償却額
償却分だけ投資原価との不一致が生じている

たとえば、将来にその子会社株式が売却されることが決定しており、将来減算一時差異に係る繰延税金資産の回収可能性があると判断されたとします。のれん償却額400、当期の親会社の予定実効税率を30%とした場合、のれん償却額についての一時差異に対する税効果仕訳は次のようになります。

　　(借)繰延税金資産　120　　　(貸)法人税等調整額　120

(3) のれんの計上に対しての税効果会計の適用

のれん又は負ののれんに対して税効果を認識すべきか否かという問題があります。

そもそも「のれん」とは，子会社の純資産の親会社持分額と親会社の投資価額との差額であります。

この差額に対して税効果を認識して繰延税金負債を計上すれば，その相手勘定はのれんであるため，のれんの金額が変わってしまいます。

そののれんにまた税効果を認識するというように循環が生じてしまいます。

したがって，のれん又は負ののれんの計上時には税効果は認識しません。

第13章 連結財務諸表における持分法仕訳の税効果

1 税効果の帰属会社と税効果の認識

「連結財務諸表原則［注解17］」には持分法の適用について，「持分法の適用に際しては，被投資会社の財務諸表について，資産・負債の評価，税効果会計の適用等，原則として，連結子会社の場合と同様の処理を行うものとする。」
と記載されています。

したがって，連結の場合と同様に次の2点についての税効果会計を適用する必要があります。

　(1)　**持分法適用会社の財務諸表に係る税効果会計**
　(2)　**持分法適用仕訳により発生した税効果会計**

(1)は，連結財務諸表作成手続としての持分法を適用する前にその非連結子会社及び関連会社の個別財務諸表において適用する税効果手続のことです。

これについては，持分法適用会社の当期純利益及び利益剰余金に影響するため，持分法適用手続としての当期純利益の按分等により投資勘定の増減を通じて，連結財務諸表に反映されます。

(2)は，持分法適用により新たに発生する一時差異に係る税効果のことで，たとえば未実現利益の消去により持分法適用上の投資原価が減少し発生する一時差異などがあります。

以下では，(2)の税効果について検討してみましょう。

持分法適用上生じた一時差異には，持分法適用会社に帰属するものと，投資会社に帰属するものがあります。

また，投資会社に帰属するものには，投資会社自体に係るものと持分法適用会社に係るものがあります。

　それぞれの一時差異は，それが帰属する会社において税効果を認識すべきか否かを検討し，繰延税金資産又は繰延税金負債の計上を行わなければなりません。

　例を挙げますと次のとおりです。

① **持分法適用会社に帰属するもの**
 ・持分法適用会社の資産負債を時価評価した場合の評価差額
 ・持分法適用会社が売手側となって発生した未実現損益
 ・持分法適用会社の欠損金

② **投資会社に帰属するもの（投資会社自体に係るもの）**
 ・連結会社が売手側となって発生した未実現損益

③ **投資会社に帰属するもの（持分法適用会社に係るもの）**
 ・株式取得後に生じた留保利益
 ・のれん相当額の償却に係る税効果

〈持分法適用における一時差異〉

```
┌─ 持分法適用会社に帰属するもの……①
│                        ┌─ 投資会社自体に係るもの………②
└─ 投資会社に帰属するもの ─┤
                         └─ 持分法適用会社に係るもの……③
```

2 持分法適用会社が売手側となって発生した未実現損益に係る税効果

　持分法適用会社が売手側となって発生した未実現損益の消去に係る一時差異については，売却元である持分法適用会社に帰属する一時差異として持分法適用会社で繰延税金資産・繰延税金負債を計上することになります。

　すなわち，持分法適用会社の未実現利益（又は未実現損失）のうち，その持分相当額だけ未実現損益を調整し，これに法定実効税率を乗じて繰延税金資産（繰延税金負債）の計上を行います。

　ただし，持分法適用会社の財務諸表は連結手続上合算しないため，連結上で繰延税金資産・繰延税金負債を計上することはできません。

　そこで，持分法適用会社の利益剰余金の増減を反映させる勘定として，親会社の投資有価証券勘定を用いて税効果会計の適用を行うことになります。この未実現利益に係る一時差異の額については，売却元である持分法適用会社の売却年度の課税所得額を超えてはならないことになっています。

　また，持分法適用会社に帰属する未実現損失が発生している場合，未実現損失の消去に係る一時差異の額は，原則として売却元である持分法適用会社のその未実現損失に係る損金を計上する前の課税所得を超えてはならないことになっています。

　持分法適用会社が売手側となって発生した未実現利益の消去に係る一時差異の税効果適用について，設例で確認してみましょう。

設例

- 親会社Pの関連会社Aに対する持株比率は，X1年度，X2年度とも20%であったとする。
- 関連会社Aから親会社へ商品を販売しており，X1年度，X2年度の親会社における期末たな卸資産に含まれる関連会社Aからの仕入商品に係る未実現利益はそれぞれ500，600であったとする。
- 関連会社AにおけるX1年度，X2年度の法定実効税率はそれぞれ40%，30%であったとする。

	X1年度	X2年度
未実現利益（関連会社→親）	500	600
法定実効税率	40%	30%
関連会社に対する持株比率	20%	20%

以上の条件より，X1年度及びX2年度の未実現利益に関する持分法適用仕訳，税効果仕訳を見てみましょう。

X1年度における持分法適用による未実現利益の消去仕訳は次のようになります。

(借)持分法による投資損益　100　(貸)た　な　卸　資　産　100
※未実現利益500×持株比率20%＝100

未実現利益の消去により関連会社に係る利益剰余金が減少することに対応して，持分相当額だけたな卸資産勘定を減少させます。

これにより，親会社の個別上計上されているたな卸資産勘定と持分法適用上のたな卸資産勘定との間に，一時差異が発生することになります。

持分法適用上のたな卸資産の方が個別上のたな卸資産勘定の金額より小さいため，将来たな卸資産を処分したときの処分益は個別上の方が小さくなります。

したがって，将来の税金費用を減算する効果があるため，将来減算一時差異に対して，繰延税金資産を計上することになります。

しかし，関連会社の財務諸表は合算しないため，繰延税金資産の代わりに投資有価証券勘定を増額します。

　　(借)投　資　有　価　証　券　　40　(貸)持分法による投資損益　　40
　　※将来減算一時差異100×法定実効税率40％＝40

X2年度における連結手続に際しては，連結手続が簿外の手続として行われているため，X1年度に行った未実現利益の消去仕訳とそれに伴う税効果仕訳について開始仕訳として再計上し，利益剰余金期首残高を調整します。

(開始仕訳)
　　(借)利益剰余金期首残高　　60　(貸)た　な　卸　資　産　　100
　　(借)投　資　有　価　証　券　　40

ところが，前期に未実現であった期末たな卸資産は，当期に実現するものとして，前期に減額したたな卸資産勘定をもとに戻すことになります。

(当期実現仕訳)
　　(借)た　な　卸　資　産　　100　(貸)持分法による投資損益　　100

これに伴い一時差異についても解消するため，前期に計上していた税

効果仕訳についても取り消すことになります。

(当期実現仕訳に係る税効果仕訳)

　　(借)持分法による投資損益　　40　(貸)投 資 有 価 証 券　　40

　このとき，売却元での課税関係は完了しているため，税率変更に伴う繰延税金資産（繰延税金負債）の見直しは行いません。
　次に，X2年度の持分法適用会社の期末たな卸資産に含まれる未実現利益に関して，持分法適用仕訳によりたな卸資産勘定を減額します。
　未実現利益の消去により，関連会社に係る利益剰余金が減少しますので，持分相当額だけたな卸資産勘定を減少させます。

(持分法による未実現利益の消去仕訳)

　　(借)持分法による投資損益　 120　(貸)た 　な 　卸 　資 　産　 120
　　※未実現利益600×持株比率20％＝120

　また，これに伴う将来減算一時差異を認識して税効果仕訳を行います。

(未実現利益の消去仕訳に係る税効果仕訳)

　　(借)投 資 有 価 証 券　　36　(貸)持分法による投資損益　　36
　　※将来減算一時差異120×法定実効税率30％＝36

3 連結会社が売手側となって発生した未実現損益に係る税効果

　連結会社が売手側となって発生した未実現損益については，その対象がたな卸資産，有価証券又は固定資産等である場合には，持分法適用会社における翌期以降の売却又は償却等により実現するため，その消去に係る一時差異は，連結会社に帰属するものとして連結会社で繰延税金資産・繰延税金負債を計上することになります。

　持分法適用会社の期末たな卸資産に含まれる未実現利益（未実現損失）のうち，持分法適用会社が非連結子会社の場合にはその全額について，関連会社の場合には親会社の持分相当額についてだけ未実現損益の消去を行います。

　これにより個別上のたな卸資産・固定資産勘定と連結決算上のたな卸資産・固定資産勘定に一時差異が発生しますので，これに法定実効税率を乗じて繰延税金資産（繰延税金負債）の計上を行います。この未実現利益に係る一時差異の額については，売却元である連結会社の売却年度の課税所得額を超えてはならないことになっています。

　また，未実現損失の消去に係る一時差異の額は，原則として売却元である連結会社のその未実現損失に係る損金を計上する前の課税所得を超えてはならないことになっています。

〈連結会社に帰属する未実現利益の消去〉

売却元が非連結子会社の場合　⇒　全額消去
売却元が関連会社の場合　　　⇒　持分相当額消去

以下，連結会社が売手側となって発生した未実現利益の消去に係る一時差異に係る税効果の適用について，設例で確認してみましょう。

設例

・親会社Ｐの関連会社Ｂに対する持株比率は，Ｘ１年度，Ｘ２年度とも20％であったとする。
・親会社から関連会社Ｂへ商品を販売しており，Ｘ１年度，Ｘ２年度の親会社における期末たな卸資産に含まれる関連会社Ｂからの仕入商品に係る未実現利益はそれぞれ800，1,000であったとする。
・関連会社ＢにおけるＸ１年度，Ｘ２年度の法定実効税率はそれぞれ40％，30％であったとする。
以上をまとめますと次のとおりです。

	Ｘ１年度	Ｘ２年度
未実現利益（親→関連会社）	800	1,000
法定実効税率	40％	30％
関連会社に対する持株比率	20％	20％

以上の条件より，Ｘ１年度及びＸ２年度の未実現利益に関する持分法適用仕訳，税効果仕訳を見てみましょう。

Ｘ１年度における持分法適用による未実現利益の消去仕訳は次のようになります。

(借)売　上　高　　　160　　　(貸)投資有価証券　　　160
※未実現利益 800 × 持株比率 20% = 160

　未実現利益 800 のうち他の株主持分については実現し，親会社持分 20％分だけが未実現になっているとみなして，持分相当額だけ投資有価証券勘定を減少させます。このとき，相手勘定は親会社の売上高で調整します。これにより，親会社の個別上計上されている投資有価証券勘定と持分法適用上の投資有価証券勘定との間に一時差異が発生することになります。

　持分法適用上の投資有価証券より個別上の投資有価証券勘定の方が大きいため，将来，投資有価証券勘定を処分したときに個別上の利益の方が小さくなります。

　したがって，将来の税金費用の減額効果があるため，将来減算一時差異に対して，繰延税金資産を計上することになります。

(借)繰延税金資産　　　64　　　(貸)法人税等調整額　　　64
※将来減算一時差異 160 × 法定実効税率 40% = 64

　これは，親会社に係る一時差異ですので親会社の繰延税金資産勘定で調整します。

　X2年度における連結手続に際しては，連結手続が簿外の手続として行われているため，X1年度に行った未実現利益の消去仕訳とそれに伴う税効果仕訳について開始仕訳として再計上し，利益剰余金期首残高を調整します。

（開始仕訳）
　　（借）繰 延 税 金 資 産　　64　（貸）投 資 有 価 証 券　　160
　　（借）利益剰余金期首残高　　96

　ところが，前期に未実現であった期末たな卸資産は，当期に実現するものとして，前期に減額した投資有価証券勘定をもとに戻すことになります。

（当期実現仕訳）
　　（借）投資有価証券　　160　（貸）売　　上　　高　　160

　これに伴い一時差異についても解消するため，前期に計上していた税効果仕訳についても取り消すことになります。

（当期実現仕訳に係る税効果仕訳）
　　（借）法人税等調整額　　64　（貸）繰延税金資産　　64

　このとき，売却元での課税関係は完了しているため，税率変更に伴う繰延税金資産（繰延税金負債）の見直しは行いません。
　次に，X2年度の親会社の期末たな卸資産に含まれる未実現利益に関して，持分法適用仕訳により投資有価証券勘定を減額します。
　未実現利益を消去することにより，親会社に係る利益剰余金が減少しますので，持分相当額だけ投資有価証券勘定を減少させます。

（持分法による未実現利益の消去仕訳）
　　（借）売　　上　　高　　200　（貸）投資有価証券　　200
　　※未実現利益1,000×持株比率20％＝200

また，これに伴う将来減算一時差異に対して税効果仕訳を行います。

(借)繰延税金資産　　　60　　　(貸)法人税等調整額　　　60
※将来減算一時差異200×法定実効税率30％＝60

4 持分法適用会社の資産負債を時価評価した場合の評価差額に係る税効果

　持分法における資本連結の手続に当たっては，株式取得時に持分法適用会社の資産・負債の時価と簿価の評価差額を算定し，その評価差額を含めた資本勘定と親会社の投資勘定との差額を算定します。

　これは持分法適用会社の個別会計上の資産・負債の評価替えを行ったことを意味し，その評価差額は持分法適用会社に帰属します。

　本来であれば資産・負債の評価差額に対して税効果を認識して，繰延税金資産・繰延税金負債を計上すべきです。

　しかし，連結上は持分法適用会社の資産・負債は合算しないため，持分法仕訳において投資有価証券勘定を増減させて税効果を認識します。

　以下，設例により確認してみましょう。

設例

・関連会社の発行済株式総数の20％を取得価額300で取得した。
・取得時の関連会社の純資産の部は次のとおりとする。

　　　資　本　金　500
　　　利益剰余金　200

・取得時点の資産負債の時価と簿価の評価差額は，資産は＋1,000で負債は＋500であった。
・関連会社の予定実効税率　30％

　まず，持分法適用会社の資産・負債の評価替えに関する修正仕訳を行うと次のとおりです。

(借)資　　産　　　　200　　(貸)負　　債　　　　100
　　　　　　　　　　　　　　(貸)純資産(評価差額)　100
※評価差額(資産) 1,000×持株比率20%＝200
※評価差額(負債) 500×持株比率20%＝100

　関連会社については，支配権を獲得していないため，全面時価評価法は採用せず，部分時価評価法を採用することになります。
　したがって，資産・負債の評価差額のうち親会社の持分比率である20%についてだけ純資産（評価差額）を計上することになります（持分法ですので，実際に関連会社の評価替えについての仕訳を計上するのではなく，あくまで投資差額を算定するための仕訳です。）。
　次に，評価替えを行った資産・負債について一時差異が発生していますので，繰延税金資産・繰延税金負債を計上します。
　この場合の相手勘定は，資産・負債の評価替えを行った時と同じ純資産（評価差額）となります。

(借)繰 延 税 金 資 産　　30　　(貸)繰 延 税 金 負 債　　60
(借)純資産(評価差額)　　30
※評価差額(資産) 1,000×持株比率20%×予定実効税率30%＝60：繰延税金負債
※評価差額(負債) 500×持株比率20%×予定実効税率30%＝30：繰延税金資産

　以上を考慮して親会社の投資勘定と関連会社の資本勘定の相殺消去を行います。
　ただし，これも実際に持分法仕訳を行うわけではなく，あくまで投資差額を算定するだけです。

投資差額は次のとおりです（以後，ここで計上された投資差額をもとに償却についての仕訳を行います。）。

　　投資差額＝取得価額300－｛(資本金500＋利益剰余金200)×20％
　　　　　　　＋評価差額100－税効果30｝＝90

5 株式取得後に発生した留保利益に係る税効果

　株式取得後に関連会社が留保利益を計上した場合には，その持分相当額だけ，持分法適用上の投資有価証券勘定は親会社の個別上の金額よりも大きくなります。

　この場合，投資会社である親会社において，この投資有価証券を売却した時点で個別上の売却益の方が持分法適用上の売却益よりも大きくなります。

　すなわち，将来税金費用を増額する効果があるため，将来加算一時差異に対して繰延税金負債を計上します。

　ただし，この留保利益は，配当金として受け取ったとき，株式を売却して売却損益として実現したとき等に投資会社で課税対象となる場合に限り，発生時点で税効果の認識をすることになります。

　したがって，持分法適用会社に留保利益を半永久的に配当させない又は外部に売却しないという方針又は株主間の協定がある場合には税効果を認識しません。

　株式取得後に関連会社が留保利益を計上し，この留保利益を将来配当する場合について検討してみましょう。

　将来，受取配当金の益金不算入として取り扱われない配当をする場合には，配当した時点で受取配当金に対して追加課税が発生します。

　この場合は，持分法適用により，個別上の投資有価証券勘定より持分法適用上の投資有価証券勘定が大きくなるため，将来加算一時差異が発生します。

したがって，将来の負担税金に対して税金費用の見越計上，すなわち繰延税金負債を計上することになります。

以下，設例により確認してみましょう。

設例

・持分法適用会社が当期において留保利益500を追加計上したとする。なお，留保利益についてはその50％を将来配当の予定であり，うち50％が税務上益金不算入処理されていたとする。
・親会社の関連会社に対する持株比率が20％で，親会社においてはこの投資勘定についての将来売却の意思がないとする。
・関連会社の予定実効税率　30％

以上を前提にして，留保利益に係る持分法適用仕訳を示しますと次のとおりです。

　　(借)投 資 有 価 証 券　　100　(貸)持分法による投資損益　　100
　　※留保利益500×持株比率20％＝100

このうち50％については将来配当の予定ですので，一時差異100の50％に対して，予定実効税率を乗じて税効果仕訳を計上します（将来発生の税金費用を見越計上します。）。

　　(借)法 人 税 等 調 整 額　　8　(貸)繰 延 税 金 負 債　　8
　　※一時差異100×配当予定割合50％×益金算入率(1－50％)×予定実効税率30％＝7.5≒8

6 のれん相当額の償却に係る税効果

　持分法適用会社ののれん相当額（投資差額）は，株式を取得した時点の持分法適用会社の個別貸借対照表上の資本勘定と投資会社の投資価額との差額です。この投資差額の当初残高（持分法適用上会計処理は行いません。）については，税効果を認識しません。

　しかし，これを償却すると投資会社において償却額だけ持分法適用上の投資価額と個別上の投資有価証券勘定との間に差異が生ずることになります。

　たとえば，のれん相当額が借方残高であれば，償却により持分法上，投資有価証券勘定を減少させることになります。

　　（借）持分法による投資損益　＊＊＊　（貸）投資有価証券　＊＊＊

　すなわち，投資会社の個別上の投資有価証券勘定の方が持分法適用上の投資有価証券勘定よりも大きくなりますので，将来売却時点での個別上の売却益が持分法適用上の売却益よりも小さくなり，税金費用の減額効果があるため，将来減算一時差異に対して繰延税金資産を計上します。ただし，ここで税効果の対象とするのは，投資会社がその投資の売却を自ら決めることができることを前提として予測可能な期間に売却の意思がある場合に限ります。

7 持分法適用会社の欠損金に係る税効果

　持分法適用会社が計上した税務上の繰越欠損金については，繰越可能期間において課税所得から控除できる場合においては，将来の税金費用を減額する効果があるため，一時差異に準じて考えることができます。

　すなわち，以下の条件を満たす場合について，持分法適用会社に帰属する税効果を認識して，将来減算一時差異に対して繰延税金資産を計上することになります。

　① 繰越可能期間における収益力に基づく課税所得の十分性
　② 含み益のある資産を外部に売却するなどのタックスプランニングの存在
　③ 繰越欠損金と相殺される将来加算一時差異の解消

　また，上記における繰延税金資産の計上要件を満たさない場合でも，持分法適用会社の株式につき，強制評価減又は売却等によって将来減算一時差異の解消が見込まれる場合には税効果の対象となります。

　ただし，ここで税効果の対象とするのは，投資会社がその投資の売却を自ら決めることができることを前提として，予測可能な期間に売却の意思がある場合に限ります。

　では，以下設例において検討してみましょう。

設例

- 親会社の関連会社Dに対する持株比率は20%であったとする。
  親会社はこの関連会社Dの株式について将来売却の意思があるとする。
- 関連会社Dの税務上の繰越欠損金が1,000あるとする。
  この繰越欠損金について，繰越期間における予測減額効果は60%であったとする。
- 関連会社の予定実効税率　30%

以上の条件により，関連会社の欠損金に係る税効果仕訳を示しますと次のとおりです。

(欠損金に係る税効果仕訳)
　　(借)投 資 有 価 証 券　36　　　(貸)持分法による投資損益　36
　　　※繰越欠損金1,000×予想減額効果60%×持株比率20%×予定実効税率30% = 36

親会社の投資有価証券勘定に対する持分法適用手続として，将来関連会社において税金費用が減額される効果に着目して，税効果仕訳を計上します。

税効果会計の実務

第14章

1 税効果会計のための決算実務

 前章まで,税効果会計の手続を詳しく見てきましたが,実際の決算手続においては,どのような資料を準備して,どのような手順で税効果会計を適用すればよいのでしょうか。

 標準的な企業を想定して,実際の決算における税効果の手続を具体的に見ていきましょう。

（1） 税効果仕訳の作成手順

① 一時差異等の集計 … （法人税申告書）別表五（一）から一時差異等を抽出します。

⇩

② 一時差異等の分類 … 「将来減算」「将来加算」に区分し、「スケジューリング可能」「スケジューリング不能」に分類します。

⇩

③ 予定実効税率の計算 … 将来の法人税、住民税、事業税の合算税率を計算します。

⇩

④ 繰延税金の計算 … 一時差異×予定実効税率で、繰延税金資産・繰延税金負債を計算します。

⇩

⑤ 税効果仕訳の計上 … 繰延税金資産・負債について、前期末残高を取り崩し、当期末残高を計上します。

⇩

⑥ 回収可能性の検討 … 繰延税金資産について、回収可能性を検討し、回収不能額を繰延税金資産から控除します。

⑥-1 「企業の分類」の決定 … 「企業の分類」を決定し、将来の合理的な見積可能期間を決定します。

⇩

⑥-2 「一時差異等加減算前課税所得」の計算 … 将来の合理的な見積可能期間について、「一時差異等加減算前課税所得」を計算します。

⇩

⑥-3 回収不能額の計算 … 将来減算一時差異について、「将来加算一時差異」及び「一時差異等加減算前課税所得」と相殺し、相殺できない部分は、回収可能性のない繰延税金資産となります。

(Step 1) 一時差異の解消スケジューリング
(Step 2) 将来減算一時差異について、「将来加算一時差異」と相殺
(Step 3) 将来減算一時差異について、「一時差異等加減算前課税所得」と相殺
(Step 4) 回収可能性のない繰延税金資産の決定

⇩

⑥-4 税効果仕訳の修正 … 繰延税金資産の回収不能額を繰延税金資産から控除します。

（2） 具体例による税効果仕訳の作成手順

設例

下記の会社の税効果仕訳を作成しましょう。

（前提条件）（単位：千円）

① 企業の分類	・「分類3」（第4章を参照）で，将来の合理的な見積可能期間は5年とします。
② 予定実効税率	・30％とします。
③ 税引前当期純利益	・毎期20,000千円発生するとします。
④ 事業税	・計算の便宜上，毎期4,000千円発生しており，中間納付2,000千円，確定時の未払が2,000千円とします。（⑤の条件とは整合しません。）
⑤ 繰越欠損金	・繰越欠損金が，当期末に100,000千円発生したとします。 ・資本金は50,000千円（中小法人）とし，繰越欠損金の控除制限（※）はないものとします。
⑥ その他有価証券の評価差額	・過去に減損処理されたものはなく，売却予定もないとします。 ・評価差益と評価差損の純額で，繰延税金資産または繰延税金負債を計上する方法により処理します。

※ 大法人の繰越欠損金の控除限度は，31年3月期以降「所得の50％」に引き下げられました。

⑦ 「別表五（一）」は，次のとおりです。

区　分	期首現在利益積立金額	当期の増減		翌期首現在利益積立金額
		減	増	
利益準備金	250,000	0	0	250,000
別途積立金	0	0	0	0
賞与引当金	64,000	64,000	75,000	75,000
棚卸資産評価損	80,000	80,000	120,000	120,000
貸倒引当金繰入超過額	0	0	30,000	30,000
減価償却超過額	100,000	0	40,000	140,000
退職給付引当金繰入超過額	130,000	0	20,000	150,000
投資有価証券評価損（スケジューリング不能）	0	0	40,000	40,000
仕入計上漏れ	0	0	△20,000	△20,000
固定資産圧縮積立金	100,000	20,000	0	80,000
固定資産圧縮積立金認容額	△100,000	△20,000	0	△80,000
その他有価証券の評価差額(純損益)	50,000	50,000	70,000	70,000
繰越損益金	100,000	0	△100,000	0
納税充当金（＊）	8,000	8,000	8,000	8,000
未納法人税等（法人税，住民税）（＊）	△6,000	△6,000	△6,000	△6,000
差引合計額	776,000	196,000	277,000	857,000

（＊）「納税充当金」－「未納法人税等（法人税，住民税）」＝「未払事業税」…
　　将来減算一時差異

【手順①】 一時差異等の集計

別表五（一）から一時差異を選別します。

- 貸借対照表の純資産の部に計上されている「利益剰余金」を除外します。
- 「未払事業税（別表五（一）下3行目－下2行目）」、「繰越欠損金（別表七）」等（繰越外国税額控除（別表六（三））など）を追加します。

「別表 五（一）：利益積立金額の計算に関する明細書」

区　分	期首現在利益積立金額	当期の増減 減	当期の増減 増	翌期首現在利益積立金額
利益準備金	250,000			250,000
別途積立金	0			0
賞与引当金	64,000			75,000
棚卸資産評価損	80,000			120,000
貸倒引当金繰入超過額	0			30,000
減価償却超過額	100,000			140,000
退職給付引当金繰入超過額	130,000			150,000
投資有価証券評価損（スケジューリング不能）	0			40,000
仕入計上漏れ	0			△20,000
固定資産圧縮積立金	100,000			80,000
固定資産圧縮積立金認容額	△100,000			△80,000
その他有価証券の評価差額（純損益）	50,000			70,000
繰越損益金	100,000			0
〜(追加項目)〜				
未払事業税	2,000			2,000
繰越欠損金	0			100,000

【手順②】一時差異等の分類

(1)「期首残高」「翌期首残高」がプラスのものは「将来減算一時差異」，残高がマイナスのものは「将来加算一時差異」として区分します。

(2) 税務上の繰越欠損金は，「将来減算一時差異"等"」として区分し，その他有価証券の評価差額も，区分します。

(3) 将来減算一時差異及び将来加算一時差異のうち，「スケジューリング不能差異」「長期解消差異」に該当する場合は，区分します。

将来減算一時差異等	将来減算一時差異	スケジューリング可能		「スケジューリング不能」以外の一時差異
			長期解消	解消見込年度が長期にわたる将来減算一時差異（ex. 退職給付引当金繰入超過額）
		スケジューリング不能		税務上の損金の算入時期が明確でない一時差異（ex. 持合い株式の評価損）
	税務上の繰越欠損金			青色申告した事業年度の欠損金額で繰越期間内のもの

将来加算一時差異	スケジューリング可能	「スケジューリング不能」以外の一時差異
	スケジューリング不能	税務上の益金の算入時期が明確でない一時差異

その他有価証券の評価差額	（第6章を参照）

・一時差異等の分類

区分／項目		一時差異等	
		期首	期末
	[将来減算一時差異]		
スケジューリング可能	賞与引当金	64,000	75,000
	未払事業税	2,000	2,000
	棚卸資産評価損	80,000	120,000
	貸倒引当金繰入超過額	0	30,000
	減価償却超過額	100,000	140,000
	【スケジューリング可能 計】	246,000	367,000
長期解消	退職給付引当金繰入超過額	130,000	150,000
	【長期解消 計】	130,000	150,000
スケジューリング不能	投資有価証券評価損（スケジューリング不能）	0	40,000
	【スケジューリング不能 計】	0	40,000
	将来減算一時差異（合計）	376,000	557,000
	[税務上の繰越欠損金]		
繰越欠損金	繰越欠損金	0	100,000
	【税務上の繰越欠損金 計】	0	100,000

区分／項目		期首	期末
	[将来加算一時差異]		
スケジューリング可能	仕入計上漏れ	0	20,000
	固定資産圧縮積立金認容額	100,000	80,000
	【スケジューリング可能 計】	100,000	100,000
	将来加算一時差異（合計）	100,000	100,000

区分／項目		期首	期末
	[その他有価証券の評価差額]		
評価差額	その他有価証券の評価差額（純損益（△損））	△50,000	△70,000
	その他有価証券の評価差額（合計）	△50,000	△70,000

【手順③】予定実効税率の計算

期末時点で,国会で成立している将来の税率(法人税率・地方法人税率,(代表的な事業所の)住民税率,事業税率・地方法人特別税率)により,将来の各年度の予定実効税率を計算します。

本設例では,前提条件より30%とします。

$$\frac{法人税率 \times (1+\boxed{地方法人税率}) + 法人税率 \times 住民税率 + (事業税率(※1) + \boxed{事業税率(※2) \times 地方法人特別税率})}{1 + (事業税率(※1) + \boxed{事業税率(※2) \times 地方法人特別税率})}$$

(※1)所得割の税率
(※2)所得割の税率(標準税率)

【手順④】繰延税金の計算

将来減算一時差異・将来加算一時差異に，回収又は支払いが行われると見込まれる期の税率を乗じて，繰延税金資産・繰延税金負債を計算します。（資産負債法）

(×30%)

区分／項目	一時差異等 期首	一時差異等 期末	⇒	繰延税金 期首	繰延税金 期末	
[将来減算一時差異]						
賞与引当金	64,000	75,000		19,200	22,500	
未払事業税	2,000	2,000		600	600	
棚卸資産評価損	80,000	120,000		24,000	36,000	
貸倒引当金繰入超過額	0	30,000		0	9,000	
減価償却超過額	100,000	140,000		30,000	42,000	
【スケジューリング可能　計】	246,000	367,000		73,800	110,100	a
退職給付引当金繰入超過額	130,000	150,000		39,000	45,000	
【長期解消　計】	130,000	150,000		39,000	45,000	b
投資有価証券評価損（スケジューリング不能）	0	40,000		0	12,000	
【スケジューリング不能　計】	0	40,000		0	12,000	c
将来減算一時差異（合計）	376,000	557,000		112,800	167,100	
[税務上の繰越欠損金]						
繰越欠損金	0	100,000		0	30,000	
【税務上の繰越欠損金　計】	0	100,000		0	30,000	d

[将来加算一時差異]					
仕入計上漏れ	0	20,000	0	6,000	
固定資産圧縮積立金認容額	100,000	80,000	30,000	24,000	
【スケジューリング可能 計】	100,000	100,000	30,000	30,000	e
将来加算一時差異(合計)	100,000	100,000	30,000	30,000	

[その他有価証券の評価差額]					
その他有価証券の評価差額 (純損益(△損))	△50,000	△70,000	△15,000	△21,000	f
その他有価証券の評価差額 (合計)	△50,000	△70,000	△15,000	△21,000	

【手順⑤】税効果仕訳の計上

繰延税金資産・繰延税金負債について，前期末残高を取崩し，当期末残高を計上します。

・期首残高の戻入

繰延税金負債 e	30,000	繰延税金資産 a+b+c	112,800
		繰延税金資産（繰欠）d	0
法人税等調整額	82,800		
投資有価証券 f	50,000	繰延税金資産（他有）f	15,000
		その他有価証券評価差額金	35,000

・期末残高の計上

繰延税金資産 a+b+c	167,100	繰延税金負債 e	30,000
繰延税金資産（繰欠）d	30,000		
		法人税等調整額	167,100
繰延税金資産（他有）f	49,000	投資有価証券 f	70,000
その他有価証券評価差額金	21,000		

税効果に関する表示は，以下のようになります。

損益計算書

税引前利益	×××
法人税等	×××
法人税等調整額	△84,300
差 引	×××
当期純利益	×××

貸借対照表（表示相殺前）

繰延税金資産	167,100（※）	繰延税金負債	30,000
繰延税金資産（繰欠）	30,000		
繰延税金資産（他有）	21,000	その他有価証券評価差額金	△49,000

（※）スケジューリング可能＋長期解消＋スケジューリング不能

【手順⑥-1】「企業の分類」の決定

「企業の分類」を決定し，将来の合理的な見積可能期間を決定します。

本設例では，前提条件より「分類3」で，将来の合理的な見積可能期間は5年とします。

【手順⑥-2】「一時差異等加減算前課税所得」の計算

【手順⑥-1】で決定した将来の合理的な見積可能期間について，「一時差異等加減算前課税所得」を計算します。（「将来の別表四」から「期末に存在する一時差異の解消分（★）」を除いた所得）

区分／項目	1年後 30年 3月期	2年後 31年 3月期	3年後 32年 3月期	4年後 33年 3月期	5年後 34年 3月期
[税引前利益]					
予想税引前当期純利益	20,000	20,000	20,000	20,000	20,000
タックスプランニング	－	－	－	－	－
[永久差異]					
交際費　限度超過額（＋）	5,000	5,000	5,000	5,000	5,000
受取配当等　益金不算入額（－）	△1,000	△1,000	△1,000	△1,000	△1,000
[申告調整]：将来発生分のみ					
[加算(将来発生分)]：プラス入力	92,000	97,000	102,000	107,000	112,000
賞与引当金	80,000	85,000	90,000	95,000	100,000
未払事業税	2,000	2,000	2,000	2,000	2,000
退職給付引当金繰入超過額	10,000	10,000	10,000	10,000	10,000
仕入計上漏れ	★	★	★	★	★
固定資産圧縮積立金認容額	★	★	★	★	★
[減算(将来発生分の解消)] ：プラス入力	0	82,000	87,000	92,000	97,000
賞与引当金	★	80,000	85,000	90,000	95,000
未払事業税	★	2,000	2,000	2,000	2,000
棚卸資産評価損	★	★	★	★	★
貸倒引当金繰入超過額	★	★	★	★	★
減価償却超過額	★	★	★	★	★
【一時差異等加減算前課税所得計】	116,000	39,000	39,000	39,000	39,000

（注）表中の「★」は，当期末に存在する将来加算一時差異及び将来減算一時差異の解消額であるため，これらを控除する前の課税所得である「一時差異等加減算前課税所得」を計算します。

1 税効果会計のための決算実務

(参考) 当期末に存在する将来加算一時差異及び将来減算一時差異の解消額

区分／項目	一時差異計	一時差異の解消予定事業年度					6年後～又はスケジューリング不能	長期解消
		1年後 30年3月期	2年後 31年3月期	3年後 32年3月期	4年後 33年3月期	5年後 34年3月期		
[将来加算一時差異]								
仕入計上漏れ	20,000	0	0	20,000	0	0	0	
固定資産圧縮積立金認容額	80,000	10,000	10,000	10,000	10,000	10,000	30,000	
【スケジューリング可能　計】	100,000	10,000	10,000	30,000	10,000	10,000	30,000	
将来加算一時差異（合計）	100,000	10,000	10,000	30,000	10,000	10,000	30,000	
[将来減算一時差異]								
賞与引当金	75,000	75,000						
未払事業税	2,000	2,000						
棚卸資産評価損	120,000	0	120,000	0	0	0	0	
貸倒引当金繰入超過額	30,000	0	0	0	0	0	30,000	
減価償却超過額	140,000	20,000	20,000	20,000	20,000	20,000	40,000	
【スケジューリング可能　計】	367,000	97,000	140,000	20,000	20,000	20,000	70,000	
退職給付引当金繰入額超過額	150,000	0	10,000	0	0	0		140,000
【長期解消計】	150,000	0	10,000	0	0	0		140,000
投資有価証券評価損（スケジューリング不能）	40,000						40,000	
【スケジューリング不能　計】	40,000	0	0	0	0	0	40,000	
将来減算一時差異（合計）	557,000	97,000	150,000	20,000	20,000	20,000	110,000	140,000

【手順⑥-3】回収不能額の計算

　将来減算一時差異について,「将来加算一時差異」及び「一時差異等加減算前課税所得」と相殺することによって繰延税金資産の回収可能性を判断し,相殺し切れなかった部分の繰延税金資産は,回収不能額となります。

(Step 1) 一時差異の解消スケジューリング

① 期末における[将来減算]の将来解消見込年度のスケジューリングを行う。
② 期末における[将来加算]の将来解消見込年度のスケジューリングを行う。

（注）「将来減算一時差異」を［将来減算］と,「将来加算一時差異」を［将来加算］と記載しています。

1 税効果会計のための決算実務　259

区分／項目	一時差異計	一時差異の解消予定事業年度					(集計対象外)	長期解消
		(集計対象)					6年後～又はスケジューリング不能	
		1年後	2年後	3年後	4年後	5年後		
		30年3月期	31年3月期	32年3月期	33年3月期	34年3月期		
〈法定実効税率〉	30.00%	30.00%	30.00%	30.00%	30.00%	30.00%	30.00%	30.00%
[将来減算一時差異]								
賞与引当金	75,000	75,000						
未払事業税	2,000	2,000						
棚卸資産評価損	120,000	0	120,000	0	0	0	0	
貸倒引当金繰入超過額	30,000	0	0	0	0	0	30,000	
減価償却超過額	140,000	20,000	20,000	20,000	20,000	20,000	40,000	
【スケジューリング可能　計】	367,000	97,000	140,000	20,000	20,000	20,000	70,000	
退職給付引当金繰入超過額	150,000	0	10,000	0	0	0		140,000
【長期解消　計】	150,000	0	10,000	0	0	0		140,000
投資有価証券評価損（スケジューリング不能）	40,000						40,000	
【スケジューリング不能　計】	40,000	0	0	0	0	0	40,000	
将来減算一時差異(合計)	557,000	97,000	150,000	20,000	20,000	20,000	110,000	140,000

区分／項目	一時差異計	1年後	2年後	3年後	4年後	5年後	6年後～又はスケジューリング不能	長期解消
[将来加算一時差異]								
仕入計上漏れ	20,000	0	0	20,000	0	0	0	
固定資産圧縮積立金認容額	80,000	10,000	10,000	10,000	10,000	10,000	30,000	
【スケジューリング可能　計】	100,000	10,000	10,000	30,000	10,000	10,000	30,000	
将来加算一時差異(合計)	100,000	10,000	10,000	30,000	10,000	10,000	30,000	

(Step 2) 将来減算一時差異について,「将来加算一時差異」と相殺

③ [将来減算]の解消見込額と[将来加算]の解消見込額とを,解消見込年度ごとに相殺する。

区分／項目	当期末残高	1年後	2年後	3年後	4年後	5年後
「将来減算一時差異」	557,000	97,000	150,000	20,000	20,000	20,000
「将来加算一時差異」	100,000	10,000	10,000	30,000	10,000	10,000
（回収可能③）		10,000	10,000	20,000	10,000	10,000
【③の相殺後の残高】		△87,000	△140,000	10,000	△10,000	△10,000

④ ③で相殺し切れなかった[将来減算]の解消見込額は,解消見込年度を基準に,税務上認められる欠損金の繰戻・繰越期間の[将来加算]（③で相殺後）の解消見込額と相殺する。

区分／項目	当期末残高	1年後	2年後	3年後	4年後	5年後
【③の相殺後の残高】		△87,000	△140,000	10,000	△10,000	△10,000
③の繰戻・繰越期間の相殺		10,000	0	△10,000	0	0
（回収可能④）		0	0	10,000	0	0
【④の相殺後の残高】		△77,000	△140,000	0	△10,000	△10,000

③で相殺し切れなかった[将来減算]は,税務上の繰越欠損金と同様に繰り越し,繰越期間内の[将来加算]と相殺します。

(Step 3) 将来減算一時差異について，「一時差異等加減算前課税所得」と相殺

> ⑤ ④までで相殺し切れなかった［将来減算］の解消見込額は，将来の一時差異等加減算前課税所得の見積額(タックスプランニングを含む)と，解消見込年度ごとに相殺する。

このとき，繰越欠損金の控除についても，欠損金の繰越控除限度額の範囲で控除できるか否かを検討します（大法人の繰越欠損金の控除限度は，31年3月期以降「所得の50％」に引き下げられています。）。

区分／項目	当期末残高	1年後	2年後	3年後	4年後	5年後
【④の相殺後の残高】		△77,000	△140,000	0	△10,000	△10,000
「一時差異等加減算前課税所得」		116,000	39,000	39,000	39,000	39,000
(回収可能⑤-1)		77,000	39,000	0	10,000	10,000
【⑤の相殺後の残高】(繰越欠損金控除前)		39,000	△101,000	39,000	29,000	29,000
(欠損金の繰越控除限度額の割合)		100％	100％	100％	100％	100％
(欠損金の繰越控除限度額)		39,000	0	39,000	29,000	29,000
繰越欠損金の控除	△100,000	39,000	0	39,000	△22,000	0
(回収可能⑤-2)		39,000	0	39,000	22,000	0
【⑤の相殺後の残高】		0	△101,000	0	7,000	29,000

> ⑥ ⑤で相殺し切れなかった［将来減算］の解消見込額は，解消見込年度を基準に，税務上認められる欠損金の繰戻・繰越期間の一時差異等加減算前課税所得の見積額(⑤で相殺後)と相殺する。

区分／項目	当期末残高	1年後	2年後	3年後	4年後	5年後
【⑤の相殺後の残高】		0	△101,000	0	7,000	29,000
(⑥の繰越控除限額)		0	0	0	7,000	29,000
⑤の繰戻・繰越期間の相殺		0	36,000	0	△7,000	△29,000
(回収可能⑥)		0	0	0	7,000	29,000
【⑥の相殺後の残高】		0	△65,000	0	0	0

(Step 4) 回収可能性のない繰延税金資産の決定

⑦ ⑥までで相殺し切れなかった［将来減算］に係る繰延税金資産の回収可能性はないものと判断し，繰延税金資産から控除する。

区分／項目	当期末残高	1年後	2年後	3年後	4年後	5年後	6年後以降又はスジューリング不能	長期解消
【⑥の相殺後の残高】		0	△65,000	0	0	0	△110,000	△140,000
〈法定実効税率〉		30.00%	30.00%	30.00%	30.00%	30.00%	30.00%	30.00%
繰延税金資産(回収可能性なし)		0	19,500	0	0	0	33,000	

※ 平成30年2月16日に公表された「税効果会計に係る会計基準」の一部改正により，繰延税金資産・負債の表示について固定表示で一本化されることになりました(平成30年4月1日以後開始事業年度の期首から適用，早期適用の規定あり。)。

そのため，従来のように回収可能性ない繰延税金資産について流動・固定に按分する必要はなくなりました。

【手順⑥-4】税効果仕訳の修正

　将来減算一時差異のうち，「将来加算一時差異」及び「一時差異等加減算前課税所得」と相殺し切れなかった部分に係る繰延税金資産の回収可能性はないものと判断し，繰延税金資産から控除します。

税効果仕訳（回収可能性考慮前）

・期末残高の計上

繰延税金資産	167,100	繰延税金負債	30,000
繰延税金資産（繰欠）	30,000		
		法人税等調整額	167,100
繰延税金資産（他有）	21,000	投資有価証券	70,000
その他有価証券評価差額金	49,000		

税効果仕訳の修正

・繰延税金資産の修正

繰延税金資産	△52,500		
繰延税金資産（繰欠）	－		
		法人税等調整額	△52,500
繰延税金資産（他有）	△21,000		
その他有価証券評価差額金	21,000		

　その他有価証券評価差額金（純額で評価損）については，売却予定がないことからスケジューリング不能な一時差異であるため，原則として回収可能性はないと判断されます。

　また，容認規定による場合には，設例の会社は「分類3」の会社であるため，【⑥の相殺後の残高】に残っている「一時差異等加減算前課税所得」の範囲で回収可能性の判断を行いますが，「一時差異等加減算前課税所得」の残高がないため，回収可能性はないと判断されます。

貸借対照表(表示相殺前)

繰延税金資産	114,600	繰延税金負債	30,000
繰延税金資産(繰欠)	30,000		
繰延税金資産(他有)	0	その他有価証券評価差額金	△70,000

　期末時点での将来減算一時差異等(税務上の繰越欠損金を含み,その他有価証券評価差額金を含まない。)が657,000千円(税額としては197,100千円)ありますが,将来5年間のスケジューリングの結果,回収可能性のない繰延税金資産が52,500千円であるため,繰延税金資産に計上できるのは144,600千円となります。

・表示科目の相殺

繰延税金資産(固定)	△30,000	繰延税金負債(固定)	△30,000

(注)「繰延税金資産」と「繰延税金負債」の小さい方の金額で相殺します(△表記)。

2　会計システムを使った税効果会計の実務

　これまで税効果会計の手続を見てきましたが，このような税効果会計の適用は，連結財務諸表を提出しなければならない会社にとっては，多大な事務負担となります。

　まず，連結グループ会社すべてについて個別財務諸表に係る税効果会計を適用し，その後に連結仕訳に係る税効果会計を適用して連結財務諸表を作成するという手続になります。

　さらに，連結財務諸表を作成した後に連結キャッシュ・フロー計算書を作成しなければならないことを考慮すると，税効果に係るこの膨大な事務手続を短期間で行わなければならないことになります。

　このような状況下において，各企業はどのような対策を考えているのでしょうか。

　そこで，企業が取るべき道は二つあります。

　一つは人員を増強すること，もう一つは新制度に対応するシステム化をすすめていくことです。

　わが国では，個別会計についてはシステム開発が進んでおり，ほとんどの企業が会計システムを使って会計を行っています。

　それに対して，連結会計に関してシステム化している企業は，まだそれほど多くはありません。

　連結会計に関するシステム化には，自社開発を行う場合とパッケージソフトを導入する場合があります。

　最近は，連結財務諸表作成のパッケージソフトの開発が進んでおり，

自社開発にかかるコストとプログラムミスのリスクが大きいことからパッケージソフトによるシステム化を行う企業が大幅に増加しています。

連結財務諸表作成のパッケージソフトといっても，単に各連結会社の数値を集計するだけのものから，新制度をいち早く取り入れ連結消去仕訳を自動で行ってくれるものまでさまざまです。

このようなパッケージソフトの導入は，既にアメリカなどでは一般的になっています。

今，日本においても会計制度の国際化にともない，会計システムについても国際化が求められているのです。

■税効果会計に係る会計基準

参考資料

税効果会計に係る会計基準

平成 10 年 10 月 30 日
企業会計審議会

第一　税効果会計の目的

　税効果会計は，企業会計上の資産又は負債の額と課税所得計算上の資産又は負債の額に相違がある場合において，法人税その他利益に関連する金額を課税標準とする税金（以下「法人税等」という。）の額を適切に期間配分することにより，法人税等を控除する前の当期純利益と法人税等を合理的に対応させることを目的とする手続である。（注 1）

第二　税効果会計に係る会計基準

一　一時差異等の認識

1．法人税等については，一時差異に係る税金の額を適切な会計期間に配分し，計上しなければならない。
2．一時差異とは，貸借対照表及び連結貸借対照表に計上されている資産及び負債の金額と課税所得計算上の資産及び負債の金額の差額をいう。
　　一時差異は，例えば，次のような場合に生ずる。
　(1) 財務諸表上の一時差異
　　① 収益又は費用の帰属年度が相違する場合
　　② 資産の評価替えにより生じた評価差額が直接資本の部に計上され，かつ課税所得の計算に含まれていない場合
　(2) 連結財務諸表固有の一時差異
　　① 資本連結に際し，子会社の資産及び負債の時価評価により評価差額が生じた場合
　　② 連結会社相互間の取引から生ずる未実現損益を消去した場合
　　③ 連結会社相互間の債権と債務の相殺消去により貸倒引当金を減額修正した場合
3．一時差異には，当該一時差異が解消するときにその期の課税所得を減額する効果を持つもの（以下「将来減算一時差異」という。）と，当該一時差異が解消するときにその期の課税所得を増額する効果を持つもの（以下「将来加算一時差異」という。）とがある。（注 2）（注 3）
4．将来の課税所得と相殺可能な繰越欠損金等については，一時差異と同様に取り扱うものとする（以下一時差異及び繰越欠損金を総称して「一時差異等」という。）。

二 繰延税金資産及び繰延税金負債等の計上方法

1. 一時差異等に係る税金の額は，将来の会計期間において回収又は支払が見込まれない税金の額を除き，繰延税金資産又は繰延税金負債として計上しなければならない。繰延税金資産については，将来の回収の見込みについて毎期見直しを行わなければならない。(注4)(注5)
2. 繰延税金資産又は繰延税金負債の金額は，回収又は支払が行われると見込まれる期の税率に基づいて計算するものとする。(注6)
3. 繰延税金資産と繰延税金負債の差額を期首と期末とで比較した増減額は，当期に納付すべき法人税等の調整額として計上しなければならない。

    ただし，資産の評価替えにより生じた評価差額が直接資本の部に計上される場合には，当該評価差額に係る繰延税金資産又は繰延税金負債を当該評価差額から控除して計上するものとする。また，資本連結に際し，子会社の資産及び負債の時価評価により生じた評価差額がある場合には，当該評価差額に係る時価評価時点の繰延税金資産又は繰延税金負債を当該評価差額から控除した額をもって，親会社の投資額と相殺の対象となる子会社の資本とするものとする。(注7)
4. 連結財務諸表及び中間連結財務諸表の作成上，子会社の留保利益について，親会社に対して配当される可能性が高くその金額を合理的に見積もることができる場合には，将来，親会社が子会社からの受取配当金について負担することになる税金の額を見積計上し，これに対応する金額を繰延税金負債として計上しなければならない。
5. 中間財務諸表及び中間連結財務諸表の作成上，法人税等は，中間会計期間を含む事業年度の法人税等の計算に適用される税率に基づき，年度決算と同様に税効果会計を適用して計算するものとする。ただし，中間会計期間を含む事業年度の税効果会計適用後の実効税率を合理的に見積もり，法人税等を控除する前の中間純利益に当該見積実効税率を乗じて計算することができる。

第三 繰延税金資産及び繰延税金負債等の表示方法

1. 繰延税金資産及び繰延税金負債は，これらに関連した資産・負債の分類に基づいて，繰延税金資産については流動資産又は投資その他の資産として，繰延税金負債については流動負債又は固定負債として表示しなければならない。ただし，特定の資産・負債に関連しない繰越欠損金等に係る繰延税金資産については，翌期に解消される見込みの一時差異等に係るものは流動資産として，それ以外の一時差異等に係るものは投資その他の資産として表示しなければならない。
2. 流動資産に属する繰延税金資産と流動負債に属する繰延税金負債がある場合及び投資その他の資産に属する繰延税金資産と固定負債に属する繰延税金負債がある場合には，それぞれ相殺して表示するものとする。

    ただし，異なる納税主体の繰延税金資産と繰延税金負債は，原則として相殺し

てはならない。
3．当期の法人税等として納付すべき額及び法人税等調整額は，法人税等を控除する前の当期純利益から控除する形式により，それぞれ区分して表示しなければならない。

第四　注記事項
財務諸表及び連結財務諸表については，次の事項を注記しなければならない。
1．繰延税金資産及び繰延税金負債の発生原因別の主な内訳（注8）
2．税引前当期純利益又は税金等調整前当期純利益に対する法人税等（法人税等調整額を含む。）の比率と法定実効税率との間に重要な差異があるときは，当該差異の原因となった主要な項目別の内訳
3．税率の変更により繰延税金資産及び繰延税金負債の金額が修正されたときは，その旨及び修正額
4．決算日後に税率の変更があった場合には，その内容及びその影響

税効果会計に係る会計基準注解

(注1)　法人税等の範囲
　　　法人税等には，法人税のほか，都道府県民税，市町村民税及び利益に関連する金額を課税標準とする事業税が含まれる。

(注2)　将来減算一時差異について
　　　将来減算一時差異は，例えば，貸倒引当金，退職給与引当金等の引当金の損金算入限度超過額，減価償却費の損金算入限度超過額，損金に算入されない棚卸資産等に係る評価損等がある場合のほか，連結会社相互間の取引から生ずる未実現利益を消去した場合に生ずる。

(注3)　将来加算一時差異について
　　　将来加算一時差異は，例えば，利益処分により租税特別措置法上の諸準備金等を計上した場合のほか，連結会社相互間の債権と債務の消去により貸倒引当金を減額した場合に生ずる。

(注4)　繰延税金資産及び繰延税金負債の計上に係る重要性の原則の適用について
　　　重要性が乏しい一時差異等については，繰延税金資産及び繰延税金負債を計上しないことができる。

(注5)　繰延税金資産の計上について
　　　繰延税金資産は，将来減算一時差異が解消されるときに課税所得を減少させ，税金負担額を軽減することができると認められる範囲内で計上するものとし，その範囲を超える額については控除しなければならない。

(注6) 税率の変更があった場合の取扱いについて

　　　法人税等について税率の変更があった場合には，過年度に計上された繰延税金資産及び繰延税金負債を新たな税率に基づき再計算するものとする。

(注7) 繰延税金資産及び繰延税金負債の金額を修正した場合の取扱いについて

　　　法人税等について税率の変更があったこと等により繰延税金資産及び繰延税金負債（資本連結に際し，子会社の資産及び負債の時価評価により生じた評価差額に係るものを含む。）の金額を修正した場合には，修正差額を法人税等調整額に加減して処理するものとする。ただし，資産の評価替えにより生じた評価差額が直接資本の部に計上される場合において，当該評価差額に係る繰延税金資産及び繰延税金負債の金額を修正したときは，修正差額を評価差額に加減して処理するものとする。

(注8) 繰延税金資産の発生原因別の主な内訳の注記について

　　　繰延税金資産の発生原因別の主な内訳を注記するに当たっては，繰延税金資産から控除された額（注5に係るもの）を併せて記載するものとする。

企業会計基準第28号
「『税効果会計に係る会計基準』の一部改正」

平成30年2月16日
企業会計基準委員会

目　的

1．本会計基準は，企業会計審議会が平成10年10月に公表した「税効果会計に係る会計基準」（以下「税効果会計基準」という。）及び「税効果会計に係る会計基準注解」（以下「税効果会計基準注解」という。）のうち開示に関する事項を改正することを目的とする。

会計基準

開　示
表　示

2．税効果会計基準の「第三　繰延税金資産及び繰延税金負債等の表示方法」1．及び2．の定めを次のとおり改正する。

　1．繰延税金資産は投資その他の資産の区分に表示し，繰延税金負債は固定負債の区分に表示する。

　2．同一納税主体の繰延税金資産と繰延税金負債は，双方を相殺して表示する。異なる納税主体の繰延税金資産と繰延税金負債は，双方を相殺せずに表示する。

注記事項

3．税効果会計基準の「第四　注記事項」1．の定めを次のとおり改正する。
　　1．繰延税金資産及び繰延税金負債の発生原因別の主な内訳（注8・9）

4．税効果会計基準注解（注8）の定めを次のとおり改正する。
　　（注8）繰延税金資産の発生原因別の主な内訳における評価性引当額の取扱いについて
　(1)　繰延税金資産の発生原因別の主な内訳を注記するにあたっては，繰延税金資産から控除された額（評価性引当額）（注5に係るもの）を併せて記載する。繰延税金資産の発生原因別の主な内訳として税務上の繰越欠損金を記載している場合であって，当該税務上の繰越欠損金の額が重要であるときは，繰延税金資産から控除された額（評価性引当額）は，税務上の繰越欠損金に係る評価性引当額と将来減算一時差異等の合計に係る評価性引当額に区分して記載する。
　　　　なお，将来減算一時差異等の合計に係る評価性引当額の区分には，繰越外国税額控除や繰越可能な租税特別措置法上の法人税額の特別控除等を含める。
　(2)　繰延税金資産から控除された額（評価性引当額）に重要な変動が生じている場合，当該変動の主な内容を記載する。なお，連結財務諸表を作成している場合，個別財務諸表において記載することを要しない。

5．税効果会計基準注解（注9）の定めを次のとおり追加する。
　　（注9）繰延税金資産の発生原因別の主な内訳として税務上の繰越欠損金を記載している場合であって，当該税務上の繰越欠損金の額が重要であるときの取扱いについて
　　繰延税金資産の発生原因別の主な内訳として税務上の繰越欠損金を記載している場合であって，当該税務上の繰越欠損金の額が重要であるときは，次の事項を記載する。なお，連結財務諸表を作成している場合，個別財務諸表において記載することを要しない。
　(1)　繰越期限別の税務上の繰越欠損金に係る次の金額
　　　① 　税務上の繰越欠損金の額に納税主体ごとの法定実効税率を乗じた額
　　　② 　税務上の繰越欠損金に係る繰延税金資産から控除された額（評価性引当額）
　　　③ 　税務上の繰越欠損金に係る繰延税金資産の額
　(2)　税務上の繰越欠損金に係る重要な繰延税金資産を計上している場合，当該繰延税金資産を回収可能と判断した主な理由

適用時期等

6．本会計基準は，平成30年4月1日以後開始する連結会計年度及び事業年度の期

首から適用する。ただし，平成 30 年 3 月 31 日以後最初に終了する連結会計年度及び事業年度の年度末に係る連結財務諸表及び個別財務諸表から適用することができる。

7．本会計基準の適用初年度においては，企業会計基準第 24 号「会計上の変更及び誤謬の訂正に関する会計基準」（以下「企業会計基準第 24 号」という。）第 14 項の定めにかかわらず，本会計基準第 3 項から第 5 項に定める税効果会計基準注解（注 8）（同注解（注 8）(1)に定める繰延税金資産から控除された額（評価性引当額）の合計額を除く。）及び同注解（注 9）に記載した内容を，適用初年度の連結財務諸表及び個別財務諸表に併せて表示される前連結会計年度における連結財務諸表（注記事項を含む。）及び前事業年度における個別財務諸表（注記事項を含む。）（以下合わせて「比較情報」という。）に記載しないことができる。

【著者略歴】
吉木　伸彦（よしき　のぶひこ）
東京都出身。東京大学法学部を卒業した後，農林中央金庫及び太田昭和監査法人に勤務し，その後，株式会社ビジネストラストを開設。現在，公認会計士，税理士，株式会社ビジネストラスト代表取締役社長。

【著　書】
「わかりやすい連結決算書の作り方」「わかりやすい株式公開（共著）」
「わかりやすいキャッシュ・フロー計算書（共著）」
「ここがポイント！退職給付会計 Q&A（共著）」「例示でわかる内部統制（共著）」（以上，税務研究会出版局）
「連結決算の読み方使い方（共著）」（東洋経済新報社）
「経理担当者のための連結納税（共著）」（PHP 研究所）
「誰でもわかる連結決算」「だれでも公認会計士になれる本」（以上，中央経済社）他

福田　武彦（ふくだ　たけひこ）
福井県出身。大阪市立大学経済学部を卒業した後，中央監査法人勤務，株式会社ビジネストラスト取締役を経て，現在，公認会計士，税理士，デルソーレ・コンサルティング株式会社代表取締役。

【著　書】
「わかりやすいキャッシュ・フロー計算書」（共著・税務研究会出版局）

木村　為義（きむら　ためよし）
兵庫県出身。慶応義塾大学経済学部を卒業した後，中央監査法人，株式会社キーエンス経理部勤務を経て，現在，公認会計士，株式会社ビジネストラスト取締役コンサルティング本部長。

【著　書】
「わかりやすいキャッシュ・フロー計算書」（共著・税務研究会出版局）

【株式会社ビジネストラスト開発ソフト】
連結会計システム「BTrex 連結会計」
退職給付システム「BTrex 退職給付」他

【連絡先】
株式会社ビジネストラスト
〒107-0052　東京都港区赤坂 2-14-27　国際新赤坂ビル東館 2 階
TEL：03-5575-6100　　URL　http://www.b-trust.co.jp/
メールアドレス：trust@b-trust.co.jp

本書の内容に関するご質問は、ファクシミリ等、文書で編集部宛にお願いいたします。(fax 03-6777-3483)
なお、個別のご相談は受け付けておりません。

本書刊行後に追加・修正事項がある場合は、随時、当社のホームページ（https://www.zeiken.co.jp）にてお知らせいたします。

税効果会計の実務がわかる本

平成11年10月15日　初版第一刷発行
平成30年 9月25日　五訂版第一刷発行

（著者承認検印省略）

Ⓒ　共著者　吉　木　伸　彦
　　　　　　福　田　武　彦
　　　　　　木　村　為　義

発行所　税 務 研 究 会 出 版 局
　　　　週刊「税務通信」「経営財務」発行所

代表者　山　根　　毅

郵便番号 100-0005
東京都千代田区丸の内 1-8-2 鉄鋼ビルディング
振替 00160-3-76223
電話〔書　籍　編　集〕03（6777）3463
　　〔書　店　専　用〕03（6777）3466
　　〔書　籍　注　文〕
　　（お客さまサービスセンター）03（6777）3450

―――― 各事業所　電話番号一覧 ――――
北海道 011（221）8348　　神奈川 045（263）2822　　中　国 082（243）3720
東　北 022（222）3858　　中　部 052（261）0381　　九　州 092（721）0644
関　信 048（647）5544　　関　西 06（6943）2251

＜税研ホームページ＞　https://www.zeiken.co.jp

乱丁・落丁の場合は、お取替え致します。　　印刷・製本　東日本印刷株式会社

ISBN 978-4-7931-2363-4